*OS BELOS DIAS DE
MINHA JUVENTUDE*

O diário de Ana Novac, fotografado em outubro de 2008.

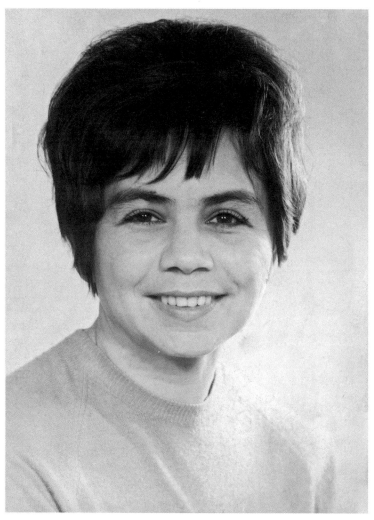
Ana Novac aos quinze anos, na Romênia.

ANA NOVAC

OS BELOS DIAS DE MINHA JUVENTUDE

Tradução:
ROSA FREIRE D'AGUIAR

Copyright © Schöffling & Co. Verlagsbuchhandlung GmbH,
Frankfurt am Main 2009

*Grafia atualizada segundo o Acordo Ortográfico da
Língua Portuguesa de 1990, que entrou em vigor no Brasil em 2009.*

Título original
Die Schönen Tage Meiner Jugend

Capa
Mariana Newlands

Foto de capa
Patrick Zachmann/ Magnum Photos/ LatinStock

Copyright das imagens das pp. 2 e 3
*diário © Markus Kirchgessner
Ana Novac © arquivo pessoal de Ana Novac*

Preparação
Leda Cartum

Revisão
*Carmen S. da Costa
Veridiana Maenaka*

Dados Internacionais de Catalogação na Publicação (CIP)
(Câmara Brasileira do Livro, SP, Brasil)

Novac, Ana
  Os belos dias de minha juventude / Ana Novac; tradução de Rosa Freire d'Aguiar. — São Paulo : Companhia das Letras, 2010.

  ISBN 978-85-359-1672-0

  1. Auschwitz (Campo de concentração) 2. Holocausto judeu (1939-1945) 3. Novac, Ana 4. Segunda Guerra, 1939--1945 - Judeus - Narrativas pessoais 5. Sobreviventes do Holocausto - Memórias autobiográficas I. Título.

10-04540   CDD-920.0092924

Índice para catálogo sistemático:
1. Sobreviventes do Holocausto : Memórias :
Autobiográficas   920.0092924

2010

Todos os direitos desta edição reservados à
EDITORA SCHWARCZ LTDA.
Rua Bandeira Paulista, 702, cj. 32
04532-002 — São Paulo — SP
Telefone: (11) 3707-3500
Fax: (11) 3707-3501
www.companhiadasletras.com.br

À memória de minha família

PREFÁCIO À EDIÇÃO ALEMÃ

Eu nasci mulher e judia — além de pobre e imortal — em Siebenbürgen, ou seja, na Transilvânia, uma região desde sempre disputada por três pequenos povos e três pequenos idiomas: o saxão (uma variante do alemão), o húngaro e o romeno. Por essa razão, à parte um defeito congênito (minha raça), nunca soube dizer com certeza qual era a minha nacionalidade ou a minha língua materna. Vislumbrei a luz do mundo com o fascismo, consumi a juventude sob o jugo de uma ditadura proletária e, entre uma coisa e outra — para variar —, passei uma temporada em Auschwitz e em mais sete campos de concentração. Tudo isso na qualidade de "criança", tanto que aos quinze anos já era considerada uma sobrevivente; coisa que se transformou em hábito, pois, ao contrário do que diz o ditado, tenho a impressão de que na vida não se morre só uma vez.

Minha cara e minha idade nunca corresponderam ao que constava na carteira de identidade. Até onde posso me lembrar, nunca me considerei criança nem adulta nem velha. E, no que diz respeito a minha alma, sua idade oscila entre cinco e 5 mil anos. Por isso faltou pouco para que a perdesse no dia em que me disseram: "Na sua idade, é preciso tomar cuidado!". Meu coração disparou, e eu passei meses sem conseguir escrever. Daí minha certeza de que não são os anos que nos arruínam, e sim a indignação de tomar consciência deles. Em que momento comecei a duvidar da minha imortalidade? Possivelmente durante uma prolongada doença, quando ficou clara a minha urgência de ser eu, de me definir antes que fosse tarde demais. Foi num sanatório, na cadeira preguiçosa em que passava dezesseis das 24 horas olhando para os Cárpatos. Lá fiquei reduzida à única coisa de que dispunha para delimitar a minha pessoa: o alfabeto. Comecei a escrever cartas a minha mãe (uma espécie de diário), naquele lugar em que, fora as refeições, os únicos acontecimentos eram as ideias que me ocorriam. Passei a persegui-las, a vigiá-las, a me prender a uma, não à outra, enfim: *a escolher*. Talvez nunca tenha duvidado que todo pensamento passa pela mente, que escrever não requer talento especial, que a única diferença entre o escritor e o não escritor é uma forma de atenção, paciência ou paixão, particularmente a de conhecer e controlar os movimentos do próprio espírito.

Fui parar no campo de concentração com o hábito de ordenar o caos em minha cabeça, e também com algumas centenas de páginas já escritas. No entanto, mais importante parece-me o fato de não conseguir dormir enquanto não tivesse capturado em palavras todas as ideias que me inquietavam durante o dia. Acaso já tinha descoberto que ninguém pensa em palavras? Que o pensamento não passa de uma espécie de bosquejo da frase formulada, que entre um e outro é necessário preencher uma lacuna, tapar um buraco enorme...

Se o meu diário for mesmo o único — ao que se sabe — que saiu de um campo de concentração, não deixa de ser assombroso... Em minha opinião, ao contrário do que pretende a lenda, isso dependia unicamente de nós. Como bem antes da nossa chegada já estávamos condenados à câmara de gás, os "anfitriões" não davam a mínima para as nossas atividades literárias ou quaisquer outras, para as nossas eventuais reflexões sobre o *Reich* etc. (O fato é que havia sessões espíritas que, no beliche tosco, nós fazíamos e líamos poesia: Dante teria tido tempo de sobra para concluir seu *Inferno*.) Era apenas questão de encontrar papel e lápis! Por isso me transformei numa pessoa que fuçava as latas de lixo e recortava papelão endurecido.

Bem que eu gostaria de poder dizer que me impus essa

faina a fim de enriquecer a memória da humanidade com pormenores, com miudezas concretas que escapam aos documentos e até às lembranças. Seria nobre, sem dúvida, mas falso! Para escapar ao menos uma hora por dia à obsessão da sopa! Para não soçobrar na massa! Para ter uma esfera própria, uma vida "privada" e, acima de tudo, para não fazer o jogo do meu desgraçado destino. Mesmo porque eu seria incapaz de agir de outro modo sem me desmanchar, sem explodir antes de todos os outros.

Depois passei dois anos num hospital e morri com uma lentidão que desconcertou meu enfermeiro. Depois fui atriz e, mais tarde, escrevi comédias. Talvez essa fosse a maneira menos perigosa de falar sobre o novo campo de concentração, o da "paz", no qual se morria não de fome, mas de hipocrisia. Fui encenada em muitos palcos, na União Soviética, nas repúblicas irmãs, em toda parte do lado *estiolado* do mundo, sem nunca me esquecer de lutar por um passaporte. A liberdade! Obtida graças a um casamento de conveniência e à consciência de que sempre a possuíra, mesmo atrás do arame farpado. De que ela depende menos das fronteiras ou de ter ou não o direito de ir e vir; em suma, de que ela é sobretudo uma qualidade do espírito ou da *alma*; de que se nasce *livre*, tal como se nasce príncipe, músico ou palhaço...

Talvez eu *me tenha decidido* por escrever em francês, língua que, desde a minha primeira tentativa de pôr uma frase no papel, eu supunha conhecer e amar. Mas era refinada demais para o meu gosto, complicada demais, surrada e prolixa demais em comparação com os pequenos idiomas da minha terra, principalmente em comparação com o húngaro, uma língua intensa, maleável, econômica, dotada de um humor interno especial. De modo que precisei tudo repensar, tudo reelaborar, a começar pelo idioma. Foi como construir a própria casa, pequena, funcional, clara, com os elementos de um palácio suntuoso, esplêndido, mas inabitável devido à minha alergia à pompa, ao desconforto e a tudo quanto é excessivo e dispensável. Desde então, a *minha* língua sob medida passou a ser a minha única língua, a minha verdadeira pátria. Com exceção de alguns cafés-concerto e festivais, minhas peças não eram encenadas na França: por falta de palcos, de contatos, de sorte? Por isso "optei" por escrever prosa, tal como no sanatório transformei-me numa espécie de filósofa graças ao alfabeto, e também graças ao excesso de tempo e solidão. Embora a tenha vivido como reclusão (um túnel sem fim), sou obrigada a lhe agradecer *tudo*, pois ela, a solidão, é a fonte, a origem de todos os meus trabalhos, de tudo que merece ser mencionado. Ela durou uma década ou várias? (Não tenho sensibilidade para os números, tampouco para o tempo.) Em todo caso, eu já estava farta de remoer sossegadamente a minha aventura: os dois reinos do qual fugira, ambos igualmente sinistros e risíveis, posto que se fundamentassem em ideologias aparentemente inconciliáveis... Como e por que os ismos, fossem quais fossem os absurdos ou as lógicas (atrevo-me a dizer, fosse qual fosse a "luminosidade") que continham, levaram infalivelmente aos mesmos resultados, às mesmas monstruosidades, com a mesmíssima perfídia? Por isso pude ruminar infinitamente o segredo da minha perpetuação, da perpetuação da minha espécie. E me perguntar: "Acaso ela não passava de um esboço, de um trabalho malfeito da Criação, a qual talvez tenha perdido o fôlego (ou os sentidos) antes de dar uma cara verdadeira à sua criatura?". Com a morte da zeladora, que me abastecia de tabaco e café, o vício me obrigou a descer seis andares... Lembro-me do meu primeiro pensamento quando saí do túnel: "O mundo é plano!". Talvez essa ideia (quando não a sua verdadeira razão) já estivesse presente antes do meu recolhimento — Galileu não há de ter abjurado à toa.

Na época, eu tinha conseguido publicar cinco livros que considerava meus verdadeiros filhos, a minha obra — ao passo que as notas do campo de concentração se me afiguravam um remotíssimo começo, um vago antepassado. Infelizmente, o antepassado estava fadado a pesar muito nos ombros da sua descendência (os meus filhos queridos); pois o meu nome e a minha obra ficaram indissoluvelmente ligados à imagem de "mártir", como um efeito colateral de Auschwitz, uma relíquia inusitada, para sempre aprisionada num museu de horrores. Será que o meu diário passou dezesseis anos engavetado, relegado ao abandono, por eu estar demasiado comprometida com o teatro? Ou demasiado distante da ideia de que o horror que tinha vivido podia se transformar em mercadoria. De que, do outro lado do muro, do lado mais bem-aventurado, havia uma ilimitada demanda de sangue e lágrimas: um gigantesco mercado do padecimento...

Seja como for: quando eu — unicamente pela sobrevivência — escrevi as minhas notas, estava convencida de que, no mundo novo que me aguardava, elas eram tão ininteligíveis quanto o chinês! Erro crasso! Basta apertar um botão para que os incontáveis esqueletos que eu pensava ter deixado para trás reaparecessem diante das *humanitárias marmitas de lata*;* para que todo santo dia surjam novos holocaustos (aliás muito negligenciados para favorecer o NOSSO, o único que ninguém deixa de lastimar). Como se existissem massacres dignos e menos dignos, vítimas eminentes e desprezíveis. A começar pelos milhões de mártires do Gulag, que continuam desdenhados, excluídos de todas as estatísticas. Este é um mundo peculiarmente hermético, ferozmente decidido (ao que parece) a suprimir as pequenas diferenças que restam entre o indivíduo e seu computador. Por isso ainda me alegro quando topo com uma daquelas garotinhas sujas de outrora, que perambulam pela *Lagerstraße*** e dizem, estarrecidas: "Veja só, você também está num campo de extermínio!".

Ana Novac
Paris, 2008

(*) Referência às marmitas ou meras latas de conserva que os prisioneiros usavam como prato.
(**) Rua que atravessa Auschwitz de ponta a ponta.

NOTA EDITORIAL

Die schönen Tage meiner Jugend * foi publicado pela primeira vez em alemão em 1967 pela Rowohlt Verlag, em Reinbek (Rowohlt Paperback 58), traduzido do húngaro por Barbara Frischmuth.

Eis o que escreve Ana Novac sobre a história da publicação: "Meu diário foi publicado cinco vezes na França. A primeira por Julliard, em circunstâncias curiosas: eu ditava meu texto húngaro em romeno para o poeta romeno Jan Palvulescu, que não falava húngaro e ia traduzindo o livro para o francês. Na época, eu acreditava que dominava o francês. Como a obra agradou, inclusive a intelectuais famosos, e não tardou a ser acolhida em vários países, só descobri o estrago por ocasião da publicação da quarta edição, quando eu já tinha escrito dois livros em francês. Repassei o texto do começo ao fim, tentando me manter fiel ao original e, assim, reparar o 'estrago' perpetrado juntamente com Palvulescu. Esse texto é o que você agora tem em mãos".

A tradução do francês de Eva Moldenhauer baseou-se na edição de 1999 de *Les beaux jours de ma jeunesse*, Paris: Gallimard, 1999 (= folio 3.164).

(*) Título do livro da edição alemã.

*OS BELOS DIAS DE
MINHA JUVENTUDE*

O que consegui anotar nesta página? Ignoro. E na que precede? Está tudo apagado. O papel, uma folha de jornal amarrotada, devorada pelo tempo. De que túmulo da memória escapam essas letras inebriadas? Memória? Não, o fio que leva a ela há muito tempo está cortado. A lembrança de alguma coisa que, há tempos, devo talvez ter rememorado; alguma coisa verdadeira e viva que me aconteceu, mas que o esquecimento clemente baniu para muito longe, cada vez mais longe, e que continua a vegetar, cada vez mais pálida, como essas histórias que às vezes contamos por hábito mas que já não nos dizem respeito. É uma estrangeira que decifra estas páginas antigas. Seu mal-estar e sua perplexidade são antigos.

Não faço senão recopiar. Ao fim de duas páginas dilaceradas, ilegíveis, uma frase que começa (ou continua) assim:

"Você morrerá", assobia a eslovaca, escarnecendo. Essa moça, em geral tão impassível, só acorda para bater. Com isso ela se reanima, assim como o jogador de tênis que, depois de um treino longo e fastidioso, atira-se afinal na partida. Seu queixo é saliente e seus belos lábios bem apertados, indolentes, agora formam uma só linha. Por instantes ela espreita a presa, de olhos franzidos, imóvel. Depois, sua boca ilumina-se com um semissorriso meio sonhador, ou jovial. O chicote recua para melhor baixar com todo o ímpeto. Sequências de sensações deliciosas nesse rosto, aliás inexpressivo.

Bem-educada e inerte, neste momento a eslovaca está

atrás dos alemães. Cabeça de Boneca que matraqueia. Sua voz estridente fere o silêncio da noite. Ela se vira e diz algo para a eslovaca, que aquiesce, começa a correr ao longo das filas, passa pela porta, chega ao portão. Logo a escuridão traga a silhueta fugidia.

— Aonde a enviaram? Para fazer o quê?

Não é a primeira noite que passamos assim, de pé, em filas de cinco, sem saber o que esperar ou temer. Meus pés incham, meu peito se contrai. A preocupação... Sinto-a rastejar por meu corpo, um bicho grande, sombrio e pegajoso.

Passam-se os minutos, depois ouvimos a voz da eslovaca atrás das cercas de arame farpado: *"Links, links, links und links".* * Parece que as novas são numerosas — mil ou mais. Corre um murmúrio que agita as fileiras. Como se soube? É um mistério, mas todos estão a par: o campo vizinho está sendo evacuado. Esse enorme *transporte*** ficará albergado conosco. Nós olhamos eles se aproximarem: mil barrigas vazias, mil catres. Nossos olhares furiosos encontram aqueles olhos desvairados. Elas estão ainda mais depauperadas, mais magras que nós. Devem estar há mais tempo em Auschwitz; estão esfarrapadas.

Instantes depois, o telégrafo do campo (comunicar com um mínimo de gestos e sem voz o máximo de informações) é ligado.

"De onde você vem?", pergunto a uma moça que parou um instante ao meu lado. "Oradea", ela cochicha, e sua expressão acuada me parece familiar, até mesmo à luz oscilante dos postes. Talvez seja por causa do nome da cidade — minha cidade. Mas elas já saem andando novamente. Os ombros caídos, esse jeito meio balançando... Judy! Meus lábios se mexem mas minha garganta está seca. Não sai nenhum som. Meus olhos cravados naquelas costas familiares: "Vire-se! Vire-se! Vire-se!". Olho para ela com todas as minhas forças, toda a minha vontade. Um milagre.

(*) Esquerda, esquerda, esquerda e esquerda.
(**) Comboio de prisioneiros.

Ela para. Não me reconhece, seus olhos deslizam sobre mim, indiferentes. Mas passos depois ela se imobiliza e se vira, estarrecida — meu rosto, que ela acabava de roçar com um olhar distraído, deve ter tomado forma em seu espírito. Aqueles trapos horrorosos! Grita com uma voz incompreensível, desconhecida: meu nome, talvez. A emoção me ensurdece. Não a vejo mais — apenas o movimento rítmico das costas da eslovaca e, pertinho de meu ombro, o chicote que ela brande. É Judy que ela chicoteia.

Não me mexo. Vejo aquele dorso se abaixar e se levantar, como se tudo dependesse de meu empenho em seguir seus menores movimentos.

— O que está acontecendo? — informa-se alguém da última fila.

— Ela está cuidando das novas.

Nenhuma cabeça se vira.

"Tenho de me habituar", digo para mim mesma, "a não ser nada, ninguém, só uma sombra com uma memória inútil, uma numa fila de cinco, *um quinto*."

Se, tomada de loucura, eu exclamasse: "Sou fulana. Aquela que está sendo chicoteada é minha amiga, a presidente do círculo literário no liceu, uma personalidade forte, um tantinho nervosa" — nenhuma dúvida, se eu começasse a latir como um cachorro, ninguém acharia muita graça. Há momentos em que revelar seu pensamento, a menor parcela de seu ser, é tão fora de lugar que beira o ridículo. Por isso é que nós todas vivemos fechadas em nossos casulos. A fila de cinco é a gaiola e a capa. O número é nosso disfarce. Um encontro de máscaras. O ser humano encolhido faz o possível para esconder o que outrora exibia com volúpia: sua alma. É assim que a dura e clemente armadura é forjada.

*

Um pesadelo: perdi meu lápis. Acordei tremendo de pavor e, sem me preocupar com os arquejos e com os roncos,

21

comecei a vasculhar no meu colchão. Meu lápis estava no lugar. Agora escrevo. Escrevo que estou escrevendo. Louvado seja Deus ou o acaso, pouco importa quem, que permitiu que meu pé, entre tantos pés, tantos passos, tropeçasse em cima do lápis. Mas será que tropecei mesmo? Ou simplesmente parei diante de uma coisa que não teria chamado a atenção de mais ninguém, assim como uma guimba esmagada? Parei nesse momento, nesse lugar. Essa coisa roída, arrancada da lama, me restitui a toda hora, às escondidas, o que todo um mundo de furiosos tenta tomar de mim: a alegria de dizer "Merda!".

*

Vi Judy. Só por um instante, mas sem a menor dúvida. Nossos olhares se cruzaram uma vez. Nós nos viramos, e como por um acordo tácito, nunca mais nos procuramos.

A roda dos corpos nus, contra o céu vermelho, e todas aquelas sombras em movimento... como qualquer coisa de uma outra época, de um conto selvagem. A elegante silhueta no centro — o chefe da tribo? Só seu uniforme parece deslocado. Falseia o tom. Ele apita; com um movimento repetido de polegar, faz sair da roda, a cada minuto, um corpo. Seu dedo mexe ritmado e a roda encolhe na mesma cadência. Giramos cada vez mais rápido... cada vez menos numerosas. Para quê? (Mais uma pergunta. Será que jamais vou perder esse hábito?) Os alemães estão nos ensinando a dançar.

Estranho! Durante esse ritual, eu não me fazia perguntas. Não me espantava com coisa nenhuma. Mexia, rodava, sem peso, sem esforço, como num sonho.

Mas não é disso que eu queria falar. Judy! Quando tudo acabou, parei, titubeante, depois avistei a fila dos corpos nus que se afastava e a ansiedade me fez voltar à realidade; como se por imprudência ou covardia eu tivesse cometido algo irreparável. Eu ia e vinha correndo no escuro, gritando o nome dela. Ela não estava entre as que restavam. Foi então que Sophie me encontrou.

Pegou-me pelo braço com um ímpeto inabitual. (Agora, ao pensar nisso, eu rio. O que poderia ser mais grotesco do que duas nuas carecas agarradas uma à outra?)

— Uma sorte que as levaram — ela disse —, haverá mais espaço no barracão.

Calei-me; teria preferido, de longe, que fosse ela quem tivessem levado, e que Judy tivesse ficado.

*

Impossível pegar no sono. Ainda bem que o barracão nunca está totalmente escuro; é possível escrever. Mas como decifrar esses hieróglifos? Pouco importa! Contanto que eu possa sacudir esse fardo de pensamentos enfadonhos. Despojar-me deles. Na verdade, protejo-me contra o fardo — pulo por cima de alguns de meus pensamentos como se fossem buracos negros —, quando talvez eu devesse apenas me permitir ser sugada por esse espesso marasmo. E ali, nas profundezas de onde não é mais possível cair, dormir enfim, vazia de angústia e de sonhos. Mas daqui até lá o caminho é longo, eu sei. E há essa noite sem fim, e Judy, e a pergunta que permeia tudo isso: por que ela teve de surgir, para logo desaparecer? Esses dois dias que se passaram: duas vezes vinte e quatro horas desperdiçadas. Por que não nos procuramos? E, no final, aquele adeus covarde, vergonhoso! Estávamos envergonhadas por causa de nossa nudez? Não, não era só isso. Existem amizades modestas, pacientes, para os dias chuvosos. A nossa era inquieta, impetuosa como Judy, intensa e tímida como eu. E, como nós duas, muito variável.

Por que pôr à *prova* as coisas às quais nos apegamos? Coçar, tossir junto, suportar os odores e as cólicas enquanto seguramo-nos pelas mãos? Por que interferir na fragilidade das imagens? Por que não guardar a imagem de Judy, tal como ela era: encorpada, mole, extravagante, cheia de caprichos e impulsividade! Rica! Alegava não se importar com isso e era verdade, salvo que os caprichos raramente emergem de um subterrâneo. Dizia: "Faremos isso, iremos ali", sem acrescentar: "Se você quiser". Eu respondia "não", com um tom leve e o coração apertado.

Esses golpes de orgulho! Quantos outros conheci desde então! Mas esses sofrimentos antigos, infantis, tento preservá-los porque são os únicos que não partilho com minha fila de cinco.

*

As meninas que têm menos de dezesseis anos devem se apresentar. Acabam de anunciar isso; irão para outro campo, onde os velhos e as crianças esperam por elas. Excelentes condições: pão com manteiga de manhã, camas individuais, cobertor, pratos limpos e banho todos os dias. Segundo os rumores, esse campo é um lugar de repouso, uma espécie de sanatório; nos gramados à sombra de grandes árvores, os velhos passeiam com os netos. Fantasia? Alguém viu. Calma. Aqui, alguém sempre viu tudo (com os próprios olhos) e sempre há alguém que jura. Alguém já *viu* o pão branco, as novas roupas que nos esperam e as escovas de dente; alguém *viu* os civis, certamente diplomatas, parlamentando em inglês com os ss na *Lagerstrasse.** Outros juram que esse circo não durará mais que uma semana. O circo ainda dura, e em nossas filas continuam incansavelmente a "ver" e a "jurar". E quem exigiria o pão branco ou o diplomata inglês, já que "alguém" viu o tonel de geleia que vai se distribuir, "alguém" avistou paraquedas americanos acima do campo e "alguém" jurou que é verdade?

Na nossa miséria extrema, não somos como a criança sozinha no escuro, que se assusta com qualquer sombra e vê anjos

(*) Rua do campo.

e diabos dançarem nas paredes? Uma coisa é certa: aqui, neste campo, não há crianças. Velhos tampouco. Devem estar em algum lugar. E por que não estariam juntos? O leite, o pão com manteiga, a cama individual: elucubrações. Mas se isso corresponder a apenas um por cento de verdade: então eles estão vivos...

*

Conversa edificante com Hella.
Hoje, durante a limpeza, flagrou-me na cama. Como de costume, depois da chamada eu tinha me enfiado de novo na cama para o único momento de pausa nesse inferno tórrido, meia hora de calma. Em princípio é proibido ficar no barracão durante a limpeza, mas quase sempre consigo me esgueirar. Ela se aproximou devagarinho. Quando a vi, devia estar me olhando há algum tempo.
— O que está fazendo aí?
— Rabiscando.
— O quê?
— Coisas.
Ela se cala. Não está com o porrete. Poderia se servir de suas patas, mas talvez esteja com preguiça — ou será que é a situação inesperada que a desorienta?
— De onde tirou esse papel?
— Achei.
Se eu lhe dissesse que o arranquei do tapume das latrinas e que ele traz no verso *Sauberkeit ist Gesundheit?* Mas ela não insiste. Hoje não está em forma. Pergunta-me quase indolente:
— Quer salvar sua pele?
— Um pouco.
— Então rasgue-o. *Wegschmeissen!**
Sequer me expulsa de minha cama.

(*) Jogar fora.

Wegschmeissen! Curiosa situação. Sabe, Hella, eu tenho duas peles, e a segunda — minhas notas — é talvez a que impede o resto de desmoronar.

*

Estou com fome. Hoje todos os meus pensamentos têm a forma de salsicha... torpor... Não vou mais atormentar meu cérebro.

*

Estão procurando febrilmente as menores de dezesseis anos. Convenci Sophie a se apresentar comigo. Não é só a fome, embora ela tenha algo a ver com isso. As noites são insuportáveis. E além do mais, quem sabe, poderíamos encontrar um dos nossos. Hoje, na chamada, saímos das filas. Hella me viu. Pegou meu braço e me empurrou:

— Idiotas — sussurrou —, andem, de volta para a fila!Sem dizer uma palavra, voltamos para nosso lugar. Talvez tenha sido uma bobagem. Sophie tem razão: ela está com ciúme. As eslovacas, pelo menos as que sobreviveram (as brutas), estão aqui há seis anos. Não nos perdoam, a nós, húngaras, por termos comido pão com manteiga enquanto elas e os seus... E neste instante Hella não refletiu! Não teve tempo. Hella! O que dizer dela? Nem humana, nem nazista... Hella é o campo.

Fala-se muito de "reféns", Sophie me fala disso o dia todo: "Hoje, quando mais ninguém duvida do resultado da guerra, representamos um capital precioso. Cada uma de nós deve supostamente ser trocada por um prisioneiro de guerra alemão. Do contrário, o que os impediria de liquidar conosco imediatamente, como fizeram com os transportes poloneses, tchecos e alemães? Mesmo em condições subumanas, o campo devora milhões de pessoas. Por que nos vigiar, nos contar com tanto afinco?"

Está claro.

No olhar de Hella havia algo parecido com pavor. Duas coisas tão claras numa mesma cabeça, só pode ser colusão. Basta isso. Dormir... e acordar em outro lugar, qualquer outro... numa aula de redação de latim.

*

Alguma coisa pressiona minha nuca ou meu cerebelo. O cerebelo é o centro de quê? Preciso perguntar à Sophie. Da memória, talvez? Essa noite eu não conseguia me lembrar qual delas é maior, a Terra ou a Lua. Essa necessidade doentia de me escrutar, de me examinar o tempo todo! Noites em que sou incapaz de dormir antes de ter encontrado o nome daquelas que estavam sentadas ao meu lado no primeiro ginasial, ou a data de coroação de André II da Hungria. Falta de vitaminas? Bobagens "civis". Aqui só há um mestre: o fato. Não passo de uma escriba a seu serviço. Todo pensamento que não obedece a essa regra é supérfluo.

De manhã, ainda estavam procurando menores de dezesseis anos. Cabeça de Boneca pinçou uma nas filas. De fato, ela parecia bem novinha, mais ou menos doze anos. Fixava com olhos arregalados a alemã; não entendia o que queriam dela. Uma mulher mais velha se agarrava a ela, provavelmente sua mãe, já que nada, nem ameaça nem bofetada, as separavam. A mulher a apertava contra si e balbuciava: "*Sie bleibt da, meine Tochter*".* Cabeça de Boneca finalmente se encheu, tascou-lhe um pontapé nas costelas e ela desmoronou com um gemido. A alemã arrastou a criança; a menininha a seguiu por alguns passos, dócil e muda, quase indiferente. Depois, parando subita-

(*) Ela fica aqui, é minha filha.

mente, virou-se e, antes que alguém conseguisse impedi-la, correu para sua mãe, jogou-se sobre ela e a agarrou; seu corpo miúdo sacudido por gemidos secos, parecendo soluços.

"*Sie ist hysterisch, die Kleine*",* disse Cabeça de Boneca, que no entanto não interveio; olhou para as duas, levantando mais seu lábio superior curto, com a curiosidade de uma criança diante do comportamento imprevisto de outra criança ou de um bicho.

O abraço convulsivo continuou. Todas nós esperávamos, imóveis, que alguma coisa acontecesse.

Finalmente a alemã se mexeu, se aproximou do par, sem pressa, e parou a alguns passos. A mãe a viu, largou a filha e se arrastou a seus pés. Seus lábios se moveram e ela abriu a boca, mas não conseguiu emitir nenhum som. Nunca vi ninguém se afogar, mas deve ser assim.

Só via a alemã de perfil. Um perfil calmo, infantil e satisfeito. Por isso é que não entendia o que estava acontecendo, de onde partiu o disparo brusco. A figura ajoelhada deu uma cambalhota esquisita em meio à poeira, e eu perguntei à minha vizinha:

— Ela desmaiou?
— Imbecil! — respondeu.

Cabeça de Boneca enfiou no bolso um objeto que não vi ser retirado dali, e que pareceu brilhar um instante na sua mão — como uma cigarreira. Depois ela ordenou: "*Blockspärre!*".** Passou diante do muro de corpos, dando um pulinho para se desviar da forma estendida no chão, com as pernas nuas afastadas — uma marionete desconjuntada — e a criança curvada em cima como uma corcova.

Então fomos empurradas para os barracões.

*

(*) Ela está histérica, essa pequena.
(**) Para a prisão!

Durante o dia todo, *Blocksperre*. O barracão é um necrotério. Estamos na cama do alto. Sophie "filosofa". Recorto o papel da camuflagem. Um lado está branco, o suficiente para minhas notas. Já tenho um montão em cima da cama, e de repente eu paro, presa a essas perguntas: Será que sou normal? Será que vi mesmo aquela espécie de corcova sob o sol escaldante hoje de manhã? Estou sofrendo de insolação, estou delirando?

Acabo de me lembrar: esqueci de apresentar Sophie. Bom, ela é pequena, atarracada, coberta de pintas, e o que antigamente tinha de agradável, seus cachos ruivos, agora emoldura o rosto singelo sob a forma de escassa penugem. Habita o próprio corpo como um solteiro habita um quarto mobiliado; não gosta dele, mas não se sente especialmente incomodada por ele; não lhe confere suficiente interesse. Há tantas outras coisas pelas quais se interessar! Sophie pretende ser um espírito livre. Se há alguma coisa de que ela se orgulha, é de seu *desapego*.

Nossa amizade também está exangue, como se nos comunicássemos a grande distância através de um elemento estrangeiro. Seu campo é a teoria; eu não tenho "campo", senão sensações que mudam sem parar, me puxam como cavalos poderosos puxam uma carruagem vazia. Temo a maturidade, um "papel" que não tenho certeza se posso assumir, ao passo que Sophie parece nada ter guardado de sua infância. Talvez tenha nascido assim, madura, sensata e neutra como os anjos; ela age como se tivesse entendido tudo e tudo consumido quando ainda usava fraldas. "E daí? Nenhuma importância! Tudo não nos aproxima da solução final?"

A solução final! Já notei isso antes: Sophie evita referir-se à morte pelo nome, mas fala muito dela e se anima, estranhamente. Isso às vezes me deixa tentada a perguntar o que é que a segura, quando basta tocar no arame farpado eletrificado: um segundo, e acabou-se.

Talvez ela tenha menos medo de morrer do que de ser

privada de suas "dissertações". Essas tremendas "análises" — sobre a educação, por exemplo, que inocula o pânico desde o berço e nos impede de aceitar o fim "naturalmente", assim como aceitamos o início, de nos retirar sem barulho.

Diabos! Será que ela viu o rosto daquela mulher ao mesmo tempo que a alemã? Não era "educado".

Será que ela vai ser capaz um dia de entender que desperdiça sua inteligência? Pois estou inteiramente do lado de cá e não há nenhuma filosofia, humilhação, miséria, ou dor que possam extinguir minha vontade de viver, por mais absurda que ela seja. E que eu escreva ou que fale, vejo apenas aquele rosto — suas pintas, suas gotas de suor — e é como se ela agonizasse com meus próprios pulmões...

Chorar ou rezar é tudo o que desejo, mas não diante de uma máquina de raciocinar! Ela me irrita e acabo encontrando uma excelente razão para ficar brava.

— A sua teoria dos reféns! Cabeça de Boneca acaba de matar uma *boche*!* Se fôssemos reféns, ela seria julgada por assassinato. O que você acha?

— Mas se não é isso, o que significam essas contagens insanas? E por que não nos liquidar de uma vez, o que os impede?

De fato, não faz muito tempo, anteontem, Cabeça de Boneca teve um ataque na *Appelplatz*:** faltava uma pessoa, em vários milhares. Hoje, ela mirou sem pestanejar! Do que resulta que é mais fácil um camelo passar pelo buraco de uma agulha que uma de nós entender a lógica dos alemães...

Tocam a chamada. O que há de novo? Faz um bom tempo que escrevo. Sophie adormeceu. Respira pesado. No seu sono a inteligência a abandona. É apenas uma pobre menina exausta e suja. Mantém seu braço dobrado acima da cabeça careca como para protegê-la. Preciso acordá-la. De repente estou desgastada, prostrada, como se ela não fosse apenas minha com-

---

(*) Termo ofensivo para designar alemães.
(**) Praça onde são contados os detidos, enfileirados em colunas.

panheira, e sim toda a espécie humana jazendo ali na minha frente, com os lábios rachados, sem esperança, sem defesa...

*

Aula de geografia com meu irmão. Ele sabe que é meu ponto fraco. "Diga onde fica...", começa e para, a fim de criar efeito. Pronuncia um nome. É uma cidade, um país, uma ilha? Em meu sonho, acho que já o ouvi antes. Meu pobre cérebro se retesa ao extremo, minha memória extenuada vaga em desespero entre as estepes russas, a Groenlândia e as ilhas Canárias, num universo horrivelmente vasto e misteriosamente dividido. É impossível para mim (mesmo acordada) lembrar com nitidez de outra coisa senão da bota italiana e daquela estranha África que parece uma luva de boxe.

Faço de conta que estou pensando; ele me lança um olhar divertido e se debruça de novo sobre o mapa. Olho para ele, incrédula. Naquele menino calmo e altivo não reconheço mais meu irmãozinho, três anos mais moço que eu; é seu rosto, mas não sua expressão. Será que ele mudou, envelheceu? Talvez seja o professor Wunch, remoçado? Não, não é meu irmão.

Despertada pela dúvida e pela angústia, que arrasto comigo o dia todo. E o melhor de tudo é que Magda, essa *Stubendienst** descarada, me tasca uma chicotada. Abro o berreiro. Não há jeito de me acostumar com a ideia de que essa nojenta, de que qualquer nojenta, possa tocar em mim.

*

— Os russos estão chegando!
— Como você sabe?
— Hoje não teve pão.
— ...?

(*) Presa que cuida da sopa e da faxina.

31

— É que eles estão imobilizados, então somos nós que pagamos o pato.
— Ah, sei!

Faço cara de quem não tem entusiasmo, e minha interlocutora me olha de cima a baixo, descontente.

— Se eles ficarem imobilizados por mais três dias — digo-lhe — os russos não vão ter mais ninguém para libertar.

— Questão de horas — responde-me tranquilamente. — Não está ouvindo os canhões?

— Estou, vagamente...

Vertigem. À tarde, todo mundo parece estar com vertigem. Seriam mais canhões? Não estamos ouvindo coisas? Nada fustiga tanto a fantasia como a fome.

Acocoradas ao sol, diante do barracão, molengas, esperamos pelos russos.

*

Zählappel* prolongada até tarde da noite. De madrugada, eles puxam-nos de nossos catres. Contam, recontam. Os alemães e seus cachorros berram, um depois do outro. Apavoradas e suando em bicas, as eslovacas se agitam entre as fileiras; esquecem até de bater. E nós, sozinhas, impassíveis, em pé no meio da confusão geral, como se nada disso nos dissesse respeito.

Isso me lembra um monte de tijolos que, de dentro do vagão, vimos numa estação: pilhas cuidadosamente arrumadas; e em volta pessoas excitadas vociferando num dialeto desconhecido.

Alguma coisa se prepara. Tudo se cala, até os rumores. Agora, mais nada depende de nós. De certa forma, é tranquilizador. Silêncio perfeito, de tijolo.

(*) Chamada dos detentos.

*

Evacuam-nos de Auschwitz. Para onde? Ninguém sabe. Isso pode acontecer amanhã, ou esta tarde, ou daqui a uma hora. Eu estaria calma se o destino de meu diário não me azucrinasse. Nossos sapatos nos serão devolvidos depois da desinfecção. Parece que isso é certo, mas nem pensar em enfiar ali dentro toda a papelada. Sophie me aconselha a relê-lo atentamente, dez vezes seguidas, e marcar uma ou duas frases por capítulo, como um lembrete. Assim só ficarei com algumas folhas. Não é má ideia, mas cadê tempo?

*

Quatro dias me separam de Auschwitz e é a primeira vez que escrevo... num *caderno*. Capa marrom, duzentas páginas. Segundo Sophie, não existe "providência", mas pouco importa o nome que se cola ao acaso que é o seu. Aqui não há nenhum cartaz, e o papel da camuflagem é preto. Isso teria sido o fim de minhas notas, a não ser que houvesse um milagre.

Se bem que, também segundo Sophie, não teria havido nenhum milagre se eu não tivesse descoberto o *Lagerkapo* com o caderno debaixo do braço, se eu não falasse alemão, se eu não tivesse sido avoada o bastante para me postar na frente dele.

Ele é quase careca, nariz adunco. Para, escuta minha lenga-lenga sem sentido a respeito de um caderno que eu estava esperando. Já não sei o que eu digo, talvez seja delírio, a julgar pelo modo como me olha de cima a baixo, com a testa enrugada; é um homem bem-educado, pois não há bofetão. Continua seu caminho.

— *Aber Herr Lagerkapo?**
Ele para.

(*) Mas senhor Lagerkapo?

— Você estava esperando este caderno? Como? Acabam de me trazê-lo.

Está irritado, mas isso não atenua minha surpresa. O alemão dele não tem sotaque polonês, nem de dialeto, e é o que deve ter logo me acalmado; nunca ouvi uma pronúncia como a dele, aqui onde todos apenas latem, e quase sempre em dialeto, até mesmo os oficiais. Às vezes a gente fica pensando se estão se dirigindo ao colega ou ao cachorro.

Mas que diabos eles conseguem entender uns dos outros num Reich em que há mais dialetos do que habitantes?

É também a primeira vez que me coloco, por vontade própria, diante de uma braçadeira.

— Tenho que escrever — digo-lhe. — Preciso de um caderno. Sou escritora.

Seus olhos de um azul cansado se fixam em mim. Ele tem vontade de rir, está mais do que claro, e eu também: quando a febre baixa, não consigo deixar de me ver como ele me vê — como vejo os outros — dentro do vestido-camisa largo balançando em torno da tábua que sou, com dois palitos que emergem, e minha cabeça careca... irresistível!

"Sou escritora."

Caio na gargalhada, mas ele sequer sorri.

Ele me dá o caderno. Mas em vez de dar no pé, procuro perdidamente uma frase para explicar meu estranho comportamento. Ele me absolve com um olhar amistoso: "Tudo bem, entendi".

Não tenho com que escrever; ainda devo estar meio sonada pois não consigo me lembrar como se diz lápis em alemão. Explico-me por gestos. Ele remexe nos bolsos e acaba tirando um lápis.

E então ele vai embora com um verdadeiro sorriso, que o remoça apesar das rugas profundas que sulcam seu rosto longo, exangue e consumido (não que ele seja um velhote).

Nada de Sophie no catre. Talvez eu esteja com cara de

louca. Elas não dizem nada. Apenas se afastam, circunspectas, o rabo do olho no caderno... como se ele fosse uma mina.

Se eu tivesse de fazer uma profissão de fé neste momento, diria: creio no silêncio. Tento me levantar antes de todo mundo. Não para trabalhar mas para saborear essas poucas horas de solidão que roubo do sono.
Mas mesmo durante o dia estamos longe de Auschwitz. Cada uma de nós com seu cobertor, seu colchão, sua panela; ainda estamos em quarentena, de "folga". Graças ao caderno não tenho mais pretexto para ficar com preguiça. Já está mais do que na hora de fazer meu relatório — começando por quando nos expulsaram do barracão de Auschwitz e nos enviaram, depois de chamadas intermináveis, através do campo escuro, entre uma dupla fileira de arames farpados, tendo ao nosso lado cães policiais e o martelar de botas, e nós azuis de frio e definhando como um cortejo de múmias ressuscitadas.

Na sala de desinfecção (*Waschraum*), encontro-me diante de uma navalha de barbear que não me inspira a menor confiança — a mão da polonesa que maneja o instrumento treme de modo inquietante. De fato, ela me esfola num lugar particularmente sensível. Solto um grito, único entre as mil e tantas esfoladas. Ela olha para mim, perplexa, como se eu fosse um gato que se pusesse a falar. Mas presta mais atenção em seu trabalho. Ironia do destino: ela, que passa o tempo a raspar os outros, é peluda como um macaco!

Nosso vagão estava atrasado. A chegada de um comboio belga ou holandês nos dá mais um pouco de animação.

Encontro indescritível: cabelos "civis", roupas "civis", horror "civil" diante de nosso rebanho nu e careca.

"*Was ist das, ein Spital?*"* Ainda ouço nosso grupo fazendo as mesmas perguntas, arregalando os mesmos olhos.

A mesma multidão nua que se amontoava e vinha em nos-

(*) O que é isso, um hospício?

sa direção há três semanas, quando descemos na estação de Auschwitz. Os mesmos olhares incrédulos e ávidos fixavam nossos cabelos, nossas roupas, nossas malas...

De um lado, as incrédulas recém-chegadas com suas malas, e de outro, a multidão nua e raspada, lembrando mais um rebanho de vacas do que mulheres. O encontro é sempre o mesmo. Salvo que dessa vez nós é que somos o rebanho, e o fato de rirmos em vez de mugir parece surpreender as cabeludas. Com sua lógica enternecedora de civis, elas se informam como se fossem turistas: "São loucas?".

Os alemães caem na gargalhada, os poloneses fazem troça, nós matraqueamos. Tudo acontece para elas como aconteceu para nós (o inimaginável tem limites). Minutos depois, começam a reaparecer em fila indiana, tão nuas e carecas como nós, completamente aparvalhadas pelo vapor e pelo pânico.

Lembro-me do instante em que, vindo do *Waschraum*, avistei pela primeira vez a multidão de crânios calvos com sua brancura repugnante: parecia um campo de repolhos.

Espetáculo alucinante; devo ter passado um bom momento fora de órbita até fazer a aproximação entre mim mesma e aquele mar de crânios luzidios. "São loucas", pensei, e esperei. Mas a porta aberta vomitava novas cabeças de repolho. Espantoso! Essa doença produz sempre os mesmos sintomas: as mesmas orelhas de abano, o mesmo rosto ceroso, o mesmo ricto idiota, atormentado.

Uma delas me aponta com o dedo: "Meu Deus, você está com uma cara!". Sobre seu crânio nu, há uma veia azul saltada. Já ouvi essa voz; esse monstro me lembra alguém... Illus de *Miskolz*! A bela, loura Illus. (Como a sentinela que se ofereceu para fazê-la fugir da fábrica de tijolos.)

Levo a mão à cabeça e subitamente tudo fica claro. Ela faz um gesto lenitivo, como para me comunicar o momento atroz que acaba de passar — foi despojada dos mais magníficos cabelos — e demonstra um zelo tocante ao me consolar, a mim que só perdi duas pobres tranças.

— Pouco importam os cabelos — diz —, para nós que perdemos tudo, até as lágrimas para chorar. Eles crescem de novo, você vai ver, crescem depressa.

Olho para ela, muda. Se ela pudesse se ver! Suas orelhas imensas! E que forma inacreditável tem seu crânio!

Comparados com esta, todos os tormentos, todas as perdas parecem suaves! Como se a tosquiadora tivesse me cortado de mim mesma.

Talvez formemos uma espécie nova que a história ainda não registrou; uma descoberta tipicamente alemã, em algum lugar entre o ser humano e a coisa. Dos atributos humanos só resta a capacidade de sofrer; mais exatamente: uma *coisa sofredora*.

Se nos acontecesse um acidente, ao meu caderno ou a mim, essa expressão se perderia, o que seria uma pena. Ela poderia servir a um historiador — a não ser que nossa história reste sem testemunhos, como um buraco no tempo, ou tão inacreditável que nenhum testemunho serviria para nada.

Mas voltemos ao *Waschraum*.

Em três semanas, é a segunda vez que nos raspam. O que cai de nossas cabeças não mede mais de um centímetro. A dor deu lugar à apatia; lembro-me sobretudo do desejo lancinante de me sentar, em qualquer lugar, contanto que o lugar seja seco e a temperatura suportável, pois o cimento é gelado.

De cócoras, quase coladas uma na outra para tentar nos proteger do frio, esperamos a distribuição das roupas.

As holandesas estão tiritando, não ousam se aproximar — noviças envergonhadas de sua nudez. Não têm a audácia de olhar para nós, embora nós as olhemos sem a menor vergonha, com bondade. Uma voz brincalhona as interpela:

— E aí, colegas? O nudismo não está na moda na terra de vocês? Nós, aqui, agora só nos despimos se houver alguns homens nas paragens.

Ela dá uma gargalhada, com tamanho entusiasmo que as poucas milhares de "nudistas" que a cercam não conseguem prender o riso, embora não haja motivo para se alegrarem. À medida que a noite cai, sentimos que ficamos cada vez mais nuas. É assim que passaremos a noite. Nem rastro de vagão. Aglutinadas como um só corpo, como uma espécie de monstro de mil gargantas roncando, gemendo e tossindo. De vez em quando, os alemães nos dispersam na base de chicotadas. Mas logo nos juntamos de novo, pois tememos mais o frio do que as pancadas.

O dia é mais suportável, porque estamos em junho e por causa dessa criatura singular e engraçada que "não mais se despe se não há alguns homens nas paragens"...

E, pois é, de repente tenho vontade de deixar tudo de lado e só tratar dela.

Imaginem um corpo de rapaz, comprido, magro, chato, em cima de pilares que poderiam sustentar uma catedral junto com suas torres. Apesar dessa base maciça — por negligência ou talvez assustada com sua altura —, ela arqueia as costas, o que faz seu ventre avançar e dá à sua silhueta a forma de um S. É possível que seja apenas sua imprudência fundamental que se expresse desse jeito displicente, assim como em seus gestos e em cada uma de suas palavras; sem esse gênero de humor extravagante ela seria apenas uma careca comprida bastante comum. Tendo a crer, porém, que ela é exagerada de nascença; como se o mundo não estivesse à sua medida e ela sentisse a necessidade de explodir sem parar...

Atende pelo nome suave de Juliette.

De perto, parece realmente moça, mas o que importa? Os fenômenos estão fora do tempo. Exagero? É possível. Mas ela mesma não seria um tipo de exagero, o fruto de uma imaginação desenfreada?

No entanto, a mulher que lhe deu à luz não parece sufocada pela imaginação. É uma pessoa cuja velhice, calvície, maternidade e loquacidade pouco comuns são difíceis de descrever. Ela também parece um exagero, no limite da senilidade! Reclama, lamenta-se sem parar, do frio, da tosquiadora, do tratamento "inqualificável" que os nazistas infligem a ela e a sua filha, do cimento "nojento". Na terra dela, na sua casa em S — para a qual aliás estamos todas convidadas —, o soalho brilha como um espelho. A cultura alemã! Que decepção para ela, que todo ano passava as férias em Baden-Baden, que tinha lido o *Fausto*! Como esse povo apaixonado pela higiene foi capaz de construir latrinas tão horrorosas? A guerra, a deportação, tudo isso lhe dá nos nervos! Impede o desenvolvimento de sua filha excepcionalmente dotada para o palco; nós tínhamos que tê-la visto, com seus cachos dourados, representar a fada no espetáculo escolar de *Csongor e Tünde*!* Ela mesma, na juventude, fizera sucesso em um espetáculo de caridade. Com toda certeza foi dela que a menina herdou esses dons artísticos.

Mas a "menina" nega imperiosamente ter herdado dela o que quer que seja. É filha do pai; um sedutor, gastador, mentiroso. Mas que classe!

— Deve ser a esclerose — ela nos explica, diante da matrona petrificada pelo riso geral. — É verdade que uma vez, antes do dilúvio, ela passou férias em Baden-Baden. Mas quanto ao *Fausto*, só conhece o título; fora as receitas de cozinha, sua cultura se resume a Agatha Christie. Cachos dourados, rá, rá, rá! Essa é boa! Uma cabeleira inominável, como raramente se vê.

Estava quase aliviada por ter se livrado da cabeleira. Foi a única coisa boa que os alemães lhe fizeram.

Ela realmente fez sucesso em *Csongor e Tünde*, mas, é claro, no papel da bruxa. Musculosa como é, com sua voz de cocheiro, realmente não nasceu para representar as ingênuas. Com alguns movimentos de quadril, balançando sua extravagante silhueta, evoca a boa fada piegas de um modo tão hilariante que a plateia nua em pelo morre de rir, freneticamente.

Mas mal temos tempo de nos reaprumar e no lugar da fada piegas surge uma pavorosa megera corcunda e manca: Mi-

(*) Peça clássica para crianças.

rigy, a bruxa. Um clarão maligno em seus olhos vesgos, e a boca murcha que lança horrorosas injúrias (as mais emotivas recuam). De um só golpe, ela se reergue, pálida, com os olhos em brasa e um jeito acusador, fixa um ponto no espaço e estoura numa risada cortante. Por um instante a imensa sala repleta prende a respiração.

— Sou um prisioneiro? Não... mas então, esse lacaio, o que faz diante de minha porta? Ali está ele!*

Com um gesto largo ela abre uma porta imaginária, me agarra — estou a seu alcance — e me empurra para frente.

Fico um instante confusa diante de meu prisioneiro real e sofro o desprezo que me cerca por todo lado. Sou despachada com um gesto majestoso, o que permite ao filho infeliz do grande imperador dar uma risada triunfal por ter desmascarado (graças a mim, o espião) aquele velho canalha do Metternich.

— Ó, ingênuo príncipe de Reichstadt!

É a única réplica que ela guardou do drama de Rostand, *L'Aiglon*. Mas estamos pouco ligando para as palavras! Vi a peça várias vezes e até mesmo no teatro nacional de Budapeste, com Hilda Gobbi. Estava magnífica em seu aparato principesco — fez o maior sucesso —, mas creio nunca ter visto um verdadeiro público de um verdadeiro teatro tão encantado como estávamos nós, nuas sobre a pedra nua, durante aquela improvisação fascinante.

Mais quatro ou cinco páginas sobre o "fenômeno". Depois, tive uma oscilação de humor e as arranquei. Parecia-me que aquela maluquete ocupava espaço demais em meus pensamentos e em minhas notas; que, afinal de contas, todas nós estávamos em pleno desastre, como nunca houve desde o Dilúvio — em suma, que de certa forma ela me fazia desinteressar-me pelo desastre (a não ser que eu suporte mal o sucesso

---

(*) Cena de *L'Aiglon* (O filhote da águia), peça de Edmond Rostand sobre Napoleão II. A jovem heroína é tradicionalmente representada por uma mulher.

dos outros, onde quer que seja, e até mesmo no meio de um desastre).

No nosso novo campo, estamos em quarentena. Isso pelo menos me permite terminar meu "relato de viagem". Preciso me apressar; o novo material se acumula perigosamente, e mal consigo afastar os acontecimentos diários que me importunam: o *Zählappel*, minhas vizinhas de catre, o fato de eu ter tropeçado num crânio, hoje de manhã. Esse campo fica no lugar de um antigo cemitério judeu; topamos ora com uma costela, ora com uma tíbia. Um dia topei com uma dentadura completa.

A gente se habitua, como à poeira e à lama; a gente anda por cima deles ou os afasta com o pé. A pobre alma cujos ossos estalam sob nossos passos nos perdoará, espero; em nosso lugar, ela faria de outra forma? Seria de temer que a faculdade de nos espantarmos se perdeu, caso a pessoa que passava seus verões em Baden-Baden e deu à luz um fenômeno não estivesse ali para exercê-la em nosso lugar.

Ela fica de cócoras ao longo do dia, nos degraus do barracão, e mostra a qualquer pessoa que passa em sua frente um fragmento de crânio que encontrou na areia. Suspira.

— O que acha? — E perde-se em reflexões à Hamlet. — Veja o que é o homem e aonde pode chegar!

Se não há muita gente, inclina-se para o ouvido da outra pessoa e cochicha de um jeito acabrunhado:

— Pensa que eles vão mesmo nos matar, hein?
— Mas, ora, que ideia!
— E os judeus poloneses, alemães, eslovacos?
— Isso é outra coisa.
— Por que outra coisa?
— Porque sim!

Eu me eclipso com a convicção de que um dia desses vão matar essa lambisgoia. Ela só conseguiria evitar esse destino funesto se ficasse muda.

41

O que me lembra um episódio em Auschwitz que não anotei (não é possível anotar tudo).
Lugar da ação: o *Waschraum*.
Heroína: Juliette.
Improvisando uma cena de ópera, um duo soprano-tenor muito divertido; a ginástica dos lábios prossegue quase sem voz; ela ergue os olhos para o teto e gargareja por um instante diante de uma plateia extenuada pelo riso tanto quanto pela fome. Depois, de repente, no meio de um floreio para, o que só aumenta a graça.

— O que está acontecendo? — pergunta com sua voz rouca.

Pensando que é um novo número, a plateia continua a rir. Mas logo se ouve alguma coisa que certamente não faz parte do espetáculo: em algum lugar, bem perto, pancadas surdas regulares, como se batessem no muro. Agora, que presto mais atenção, acho que já as ouvi, esses barulhos de Auschwitz e o mal-estar que criam. Não falo da barulheira em que vivemos permanentemente — aquela que nós fazemos — mas desses sons que nos chegam abruptamente, indistintos, cuja fonte ignoramos e que às vezes pensamos que é a imaginação, como se em algum lugar, não muito longe de nós, uma vida paralela se desenvolvesse. (E se fosse apenas o eco abafado de nossas angústias?)

Silêncio: isso só significa a diferença entre duas espécies de barulho, um próximo e habitual, o outro invisível e inquietante.

Nas primeiras semanas eu mal fechava os olhos. O medo de ser acordada por gritos e golpes de origem misteriosa me deixava em alerta até de manhã. Eu espiava, ouvia tudo e, no entanto, ao acordar parecia ter sonhado. Finalmente, sucumbia ao cansaço, e os verdadeiros sonhos chegavam; tudo se confundia e eu não saberia dizer o que era mais duro de suportar: o que ouvia acordada ou em sonho. O que deu nela?

— Alguma coisa se prepara aqui — ela berra —, do contrário por que nos mantêm nuas há dois dias?

Ela apoia na maçaneta da porta que nunca era fechada a chave, mas que não cede. Ela bate e sacode.

— Pare! — grita alguém.

Depois todas nós começamos a gritar. É o que de melhor temos a fazer contra o medo. "Ideias" são contagiosas, e seria melhor se essa maluquinha fosse esperta e as guardasse para si, pois se arrisca a ser linchada. Mas ela não está prestes a se acalmar. Seus punhos continuam a martelar a porta de ferro enquanto a sacudimos, puxamos, batemos nela, e enquanto sua pobre mãe se agarra nela, soluçando.

A passagem da paródia de ópera à crise de nervos se faz quase sem transição. Como essa assembleia engraçada se metamorfoseou num instante numa horda feroz? E como tudo se acalmou de repente? Eu assistia a tudo e no entanto não sei explicar como, no espaço de poucos instantes, tantas criaturas distintas podem se tornar uma *coisa* tão horrivelmente única.

A noite transcorreu sem outro incidente. Não creio que muitas conseguiram dormir. Uma só vez ouvi um ronco tranquilo e regular: era Juliette. Sua velha mãe, acotovelada perto dela, a vigiava. Ainda estava um breu quando a fechadura rangeu. Por um instante fiquei imóvel, de olhos fechados, envolvida pela noite. Tentava imaginar que estava morta há muito tempo e que tudo aquilo era apenas a "vida de depois" — em que nada mais podia acontecer comigo, em que nada mais podia me tocar. Quase não respirava mais. A impassibilidade do não ser me invadia, quando de repente uma voz bem terrestre, a de Sophie, me alcançou.

— Levante-se, vão nos passar umas roupas!

E saí como uma bala.

*

Tiritando mas com o coração leve, apoio-me contra a parede do vagão dentro de meu novo vestido em que cinco iguais a mim se sentiriam à vontade. Para onde nos levam? Pouco

43

importa! Já que é para *existir* em algum lugar... Meu coração pulsa ao ritmo das rodas: "eu estou vivo, eu estou vivo".

*

Mas a gente se habitua a *existir*. Depois vêm o frio, a fome e aquelas horrorosas tábuas sujas! Meia hora depois, parecemos gatos pretos. Não há meio de nos aquecermos. No imenso vagão de animais, somos apenas vinte e se nos aninhamos umas contra as outras alguém fica no fim da fila, com as costas expostas à noite: e esse alguém em geral sou eu, a menor, a mais magricela. Sempre me empurram.

— Pare de espernear, você não é mais uma criança.

E isso é razão para eu me arriscar à morte? Não sei quantos dias, quantas noites andamos. Três... cinco? Comida, recebemos umas duas vezes. Só víamos a claridade na hora de esvaziar o balde de excrementos. No final não tínhamos mais força para falar; nem sequer tentávamos nos aquecer. Faltava-me até a força para imaginar que eu estava morta há muito tempo. Quando a porta do vagão afinal se abriu, nos jogamos na plataforma, duras como tábuas. A Polônia, sombria, encharcada. A chuva bate com pingos grandes sobre nossas cabeças raspadas e se espalha indolente.

Enquanto se forma a coluna, vejo porcos saírem de um dos vagões. Descem a duras penas pela escada colocada para eles: bem cuidados, limpos, cor-de-rosa. De onde vêm todos esses porcos gordos, num país tão magro?

Por fim, saímos a caminho, cada grupo de vinte tendo ao lado um guarda cansado e sombrio, igual ao clima.

Um deles nos revela que o campo fica a quatro quilômetros; vamos para Plaszow, na periferia de Cracóvia.

O que chamam de "Cracóvia" é tão deplorável que durante a travessia tento manter os olhos fechados; apesar das casas intactas que emergem das ruínas, custamos a crer que esse deserto de pedras, com suas imensas crateras cheias de lama bloqueando o caminho, foi um dia uma cidade. Às vezes um rosto aparece atrás de uma vidraça; espanta-se ao ver aquele rebanho careca e se retira discretamente assim que se sente observado. Tenho inveja desses rostos; a chuva não os toca. Podem ficar sozinhos num quarto e, condoídos, olhar para nós pela janela. Ainda têm coisas a perder.

Por todo lado, uniformes. Pululam entre os escombros, gritam, riem. Como combinam bem com o cenário! Cidades destruídas, vidas destruídas — a obra deles na Terra, ferida por seus passos, empesteada por seus sopros.

Marchamos pelas ruas inexistentes de uma cidade que não existe mais. A própria chuva parece gemer sobre nossos corpos. Fecho os olhos, me agarro às minhas vizinhas e me concentro nas imagens que, em círculos coloridos, brincam diante de minhas pálpebras ou em algum lugar na minha frente, no ar. E, por mais incrível que pareça, essas imagens são todas coloridas, ensolaradas: grama verde clara, e em torno de uma fonte uma roda de pessoas, que escaparam do meio da floresta e giram em espirais cada vez mais estreitas. Será a tonteira de novo? Uma porta magnífica, de faia branca. Um banco de pedra esculpido com animais e flores. Abro os olhos.

A porta diante de mim é de ferro. Não é esculpida; contra fundo vermelho, um cartaz anuncia a inscrição familiar: *"Arbeit Macht Frei".** O guarda faz seu relatório e uma massa de capas de chuva pretas acorre para nos receber. Eles nos contam e recontam, exaltados, como se fôssemos moedinhas.

Andamos por uma alameda entre duas fileiras de postes de eletricidade. Eles se alinham diante de nós, retos, como que em posição de sentido.

O caminho é salpicado de pedrinhas brancas. Enquanto avançamos, avisto de repente uma colina, bem pertinho, à distância de um arremesso de pedra.

(*) O trabalho liberta.

— A colina — digo.

Estendo a mão como se quisesse oferecer essa surpresa à minha fila de cinco. Mas as zumbis que se arrastam ao meu lado nem sequer erguem a cabeça.

— Olhem a colina!

Empurro com o cotovelo uma delas, que dorme enquanto anda.

— E daí? — resmunga.

Sua voz cavernosa, seus olhos fundos; deixo para lá.

De repente, compreendo qual é a ausência que carrego comigo tão dolorosamente: a do verde.

Em Auschwitz, não vi árvores e nem tampouco nesta longa estrada polonesa; nem uma só árvore desde que, pela primeira vez, me embarcaram num vagão. Estranho não ter me dado conta. Será que eles "exterminam" até as árvores? Merda. À medida que nos aproximamos da colina, a distância de Auschwitz aumenta e, com ela, a esperança; minha colina não passa de um montículo, um pobre morrinho pelado...

Como qualquer lugar, os barracões são protegidos por uma cerca. Mas é preciso admitir: parecem menos assustadores que os de Auschwitz! Tudo traz as marcas do improviso, do temporário. As construções parecem cabines e os prisioneiros, dentro de suas capas pretas, calçados com botas de verniz preto, mal se distinguem de seus guardas.

As polonesas são bonitas, os homens, benfeitos de corpo. Apesar do mau tempo e de nosso grande cansaço, nós os olhamos de soslaio com uma curiosidade nostálgica. A "elegância" deles nos desnorteia.

Nossa chegada provoca uma verdadeira correria. Estamos cercadas, atormentadas por todas aquelas "capas de chuva". Gesticulam, riem, falam conosco na melodiosa língua deles. Só conseguimos responder com risinhos.

Diante de uma mesa comprida, cinco mulheres na frente de cinco folhas de papel anotam nossas informações por grupos de cinco. Feito isso, nos entregam matrículas com números vermelhos. O meu: 1555. Portanto, voltamos a ter nomes, datas de nascimento, profissões. Observo-me com um respeito renovado. Ser registrada, figurar em algum lugar — o sentimento da legalidade!

Talvez a chuva tenha esgotado suas últimas gotas; seu trabalho terminou, ela para. A fim de concluir sua obra, envia-nos um temporal. Uma correnteza glacial atravessa a praça aberta aos quatro ventos, inchando nossas roupas que batem como bandeiras molhadas.

Sinto minha garganta inflamar, arrepios ora gelados, ora escaldantes. Sophie profetiza, implacável: pneumonia! Justo no momento em que os melhores auspícios se oferecem a nós: uma vida de prisioneira honesta e *legal*...

Ainda bem que a natureza é menos lógica do que Sophie. Entre as duas mil pessoas chegadas depois de uma viagem de vários dias em vagão e quatro quilômetros de marcha sob uma chuva torrencial, tudo isso acompanhado de algumas horas passadas em pé dentro de trapos molhados, houve apenas dois modestos casos de gripe.

Sophie e eu estamos em plena forma.

Se digo: "nós descansamos", fico bem longe da verdade. É possível traduzir em palavras o estalar alegre dos ossos entrevados, o hino de louvores dos pulmões oprimidos e das costas extenuadas, os arrepios de êxtase de todo um corpo mortificado, abandonado ao suave abraço de um colchão e de um cobertor quente?

Sofremos uma verdadeira metamorfose: parecemos de chumbo. Do amanhecer à meia-noite e da meia-noite ao amanhecer, só fazemos roncar em uníssono.

*

Quem ainda não assistiu ao *Zählappel* de noite não sabe nada de Plaszow. Nós, as novas, ainda estamos de quarentena e assistimos de nossa janela a esse desfile faustuoso. Os barracões iluminados parecem casas de verdade e os deportados, vestidos como esportistas, parecem mulheres de verdade e homens de verdade que teriam se reunido por uma razão de verdade na praça de uma cidade de verdade. No meio da praça se ergue um poste no alto do qual tremula uma bandeira vermelha com uma suástica; mas nem sempre. Seu desaparecimento do poste é sinal de uma cerimônia lúgubre.

O enforcamento tem a cor local. É uma tradição em Plaszow, um "método" que o comandante do campo preconiza. É a seu pedido expresso que são dirigidos para Plaszow os "políticos" vindos de Cracóvia e de outras prisões polonesas; entre eles, mulheres, colegiais, às vezes até crianças. Na maioria dos casos, foi uma palavra imprudente, uma careta ou uma simples desconfiança de que não carregavam o Reich no coração que os levou ao cadafalso.

Um revólver faria igualmente bem o trabalho, mas o comandante de Plaszow gosta do aparato; é um esteta.

Por isso é que esses pobres-diabos têm a "honra" de ser estrangulados num quadro solene diante do olhar de milhares de espectadores.

Dizem que o esteticismo do comandante vai tão longe que um dia ele explodiu os miolos de uma moça porque seus cordões estavam mal atados. Segundo os nativos, ele é um jogador, um caprichoso, um desses sádicos requintados que se dá ao luxo de ouvir Mozart e Bach depois de cada enforcamento. Neste momento, parece não dar bola para o campo. Estaria sofrendo de enfaro? Ou seria por causa do avanço intempestivo dos Aliados? Não devemos nos alegrar cedo demais; ainda seremos brindados com alguns espetáculos apavorantes.

Estamos todas na janela contemplando essa espécie de festa popular: as mulheres com lenço branco, os homens com botas pretas, brilhantes. Os lenços na frente, as botas atrás — formam em torno do cadafalso dois quadrados traçados a régua e compasso. Branco e preto, é a cor das pedras tumulares, e aquele poste do cadafalso com a bandeira tremulando ao vento lembra um monge descarnado celebrando uma estranha cerimônia de mortos-vivos.

*

Esqueci de falar dos *Kapos*. Um homem de braçadeira diante de cada fila, e três ou quatro que se deslocam livremente no meio da praça. Perambulam, com o ar cansado, brincando com os chicotes enquanto os *Kapos* de patente inferior suam de tanto contar. São eles os mais elevados na hierarquia dos presos, com exceção da *Lagerälteste*.*
A *Lagerälteste*!
Imagine uma galinha semiemplumada, semiplatinada; quando ela se vira, descobre-se com horror um rosto de velha macaca, triste e violentamente maquiado. Tem ataques de riso solitários que paralisam o nosso sangue. Será para criar coragem? Ou para expor sua dentição impecável?
Essa Jano fêmea, meio macaco meio galinha, que uma doença precoce deve ter impedido de alcançar a estatura normal, está, porém, em condições de pegar o braço dos alemães graças a saltos altíssimos que lhe permitem chegar no cotovelo de um Fritz médio; segundo alguns, é metade judia, segundo outros, é um quarto judia. Dizem que leva o comandante no papo, que sua hilaridade transbordante se desdobra numa ferocidade inventiva e insaciável. Na verdade, como alguém poderia ser meiga e correta tendo uma fachada igual à dela? A gnomo e o campo. Eles não são feitos para prosperar juntos — como dois tumores da mesma doença?

*

Hoje, reconheci na chamada, entre os poucos homens de braçadeira que têm o direito de circular, meu amigo do cader-

---

(*) A detenta chefe do campo.

no. (Como eu poderia adivinhar que foi no pescoço de uma divindade de primeiro nível que me atirei?) Estava morrendo de vontade de lhe fazer um sinal, no mínimo para ver se ele me reconhecia.

Sei qual é o preço de cada falha nesse "Olimpo". Mas mesmo assim, a verdade é que ninguém o obrigou a me oferecer o caderno! ("Nem a se tornar *Lagerkapo*", Sophie observa.) Serei muito flexível, no limite do oportunismo? A certeza me apavora — meus próprios argumentos me apavoram, assim que fico sozinha com eles. Como se a solidão pusesse tudo em questão. Se eu pegasse nas mãos minha "alma", minha "consciência", enfim, minha essência humana, encontraria alguma coisa de consistente, sólido? A não ser as evidências como esta: positivamente, detesto os Fritz; e os detestaria mesmo se fosse alemã e livre, mesmo se eles não representassem a menor ameaça para mim ou para os meus. Ofendem em mim tudo o que me distingue de um carneiro.

*

Ouvimos canhões. Eles estão chegando, estão chegando, estão chegando! Do contrário, o que isso poderia significar? Se pelo menos eu conseguisse acreditar num centésimo das notícias que chegam diariamente ao barracão como sendo as "últimas" e as "mais certas"!

*

Segundo os indícios, deveriam ter chegado ontem ao meio-dia. E, até agora, nada! Os *boches* não parecem exageradamente inquietos. Teriam parado? Bem diante de Cracóvia? Se soubessem que definhamos literalmente assim que cessa o barulho dos canhões! O primeiro tiro, e tudo revive.

Estou conversando; um modo como outro qualquer de

calar minha aflição, mas não adianta. Dizem que nos transportarão para longe do *front*, para algum lugar na mãe pátria.

Era o que nos faltava: a mãe pátria!

*

Nenhuma notícia importante. Relato as mais insignificantes, com o único objetivo de me ocupar, começando pela panela. Sophie encontrou uma panela; jura que não estava no lixo, embora eu não tenha perguntado. As dúvidas quanto à sua origem não me impediram de contribuir com zelo para reconvertê-la do estado de ferro velho ao de utensílio. E, afirmo, não sem certo orgulho: a panela é utilizável. E, desde que dedicamos uma parte de nossa ração de pão ao nobre emprego de tapa-buraco, está impecável. É verdade que até agora só a usamos para beber água e estamos meio preocupadas com sua "resistência" ao líquido quente.

Estão "chamando". Continuarei depois do "almoço".

A panela é estanque; a sopa fica no mesmo nível. Já há algum tempo a enchemos, mas não tocamos nela.

Ah, os "cardápios" de Auschwitz! Desconfiávamos que às vezes havia areia no pão, mas nunca, como aqui, pedregulhos que fazem glu-glu nessa água suja, como se fossem batatas num ensopado.

Tem alguns que deslizam de modo imperceptível para o estômago e se comportam tão bem lá dentro que a gente nem percebe. Mas a maioria deles se deixa engolir e só começa a se manifestar mais tarde, sorrateira, na garganta ou na barriga. Comigo, é nas costas, vá saber por quê. Sabendo que pedirei socorro, em vão, espero o fim, suando.

Sophie, a dorminhoca, não fechou o olho durante a noite; um cascalhinho do tamanho de uma unha deve ter, sem a menor dúvida, deslizado para seu estômago.

— Como sabe que é do tamanho de uma unha?

— Ele emergiu um instantinho na minha colher e depois não o vi mais.

Não há a menor dúvida. Sophie está transparente, até mesmo suas pintas amarelaram; seus olhos estão queimando; sua respiração está entrecortada.

Segurei a mão dela durante metade da noite. "Mas para que isso? Descanse, ao menos", ela me propôs generosamente. Mas sua voz estava tão dolente que protestei com firmeza: "E o que importa uma noite?". Não sei quanto tempo aguentei. Ao acordar, não havia rastro de Sophie, e seu lugar vazio me acabrunhou. Pobre Sophie, tão querida, tão fiel! Quantas vezes não te traí em pensamento e até em meu diário? Não, de agora em diante tudo mudará! Contanto que eu te reveja viva! Encontro-a desmoronada, em cima de uma pia; esforça-se para vomitar.

— Olhe, a pedra! — exclamei, repentinamente "iluminada", debruçando-me sobre a pia.

Ela olha para mim, consternada, debruça-se sobre o orifício. Um instante depois, se estica, excitada:

— Sim, eu vi!

— Não se sente aliviada?

Praticamente me atiro sobre a pia, como se continuasse a examinar o ralo, para esconder minha cara, pois estou rolando de rir.

— Claro que sim — diz —, sou uma nova mulher.

E, de fato, ela se reanima diante de meus olhos: sua voz fica firme, suas pintas tornam-se novamente escuras.

Não vi a pedra. Estou tentada a lhe confessar meu blefe, mas me abstenho, temendo que ela recomece a senti-la pesar no estômago.

Minha fobia de pedras se acalmou. De qualquer maneira, a água suja é imbebível. Com o tempo, até o repouso fica cansativo, e deixa tempo demais para a fome.

Ah, afundar meus dentes em algum alimento substancial... carne, pão integral, queijo! Essa obsessão me enlouquece. Penso no meu amigo do caderno, nesse homem de olhar triste e meigo que talvez, neste instante, devore um assado com batatas coradas.

Ocorre-me a ideia de que os mendigos ignoram sua humilhação ou não dão bola para ela. Isso só existe na cabeça dos saciados. A fome engole tudo.

*

Essa pobre, pobre Félicie. Félicie é a chefe de nosso barracão; hoje me esbofeteou. Evidentemente, isso não é um motivo para ter pena dela. A gente não tem pena da Félicie por uma razão ou por outra; simplesmente, ela é de dar dó. Ao vê-la pela primeira vez, logo me lembrei de uma colega de classe, a criatura mais infeliz que um dia se sentou nos bancos do colégio judeu.

Não que fosse doente, pobre, órfã — nada lhe faltava, mas um destino sorrateiro pairando sobre sua cabeça fazia com que fosse justamente o estojo dela que caísse com um barulhão durante a composição de latim. Era ela cuja liga se soltava bem no instante em que a chamavam ao quadro-negro; embora sempre apressada, não deixava de chegar atrasada; e assim por diante.

Eram essas coisinhas de nada que tornavam seu comportamento hesitante ou precipitado, e que lhe davam uma expressão furtiva e atormentada, como se vivesse se preparando para se defender de um ataque imprevisto. É uma reprodução de Félicie, a chefe de nosso barracão; teme tantas coisas ao mesmo tempo! Mas a ideia de que entre uma cabeça raspada e seu colchão possa haver uma diferença qualquer jamais lhe aflorou. Para ela, somos transparentes, embora ignore que a transparência é, aqui, uma grande força. Que acima dos Fritz, da gnomo e dos *Kapos* há um comando clandestino — um exército de letras que eu dirijo em silêncio. Os figurões que abato todo dia, sem problemas! Os crápulas ordinários diante dos quais hesito — como Félicie (a última a desconfiar que seu tabefe está prestes a entrar na história).

Ao me esbofetear nem sequer olhou para mim. É verdade que não era eu que estava berrando. Mas vá saber, na confusão, e eu estava ao alcance de sua mão.

De manhã, estava mais excitada que de costume, o que era compreensível porque a chamada não deu certo. O alemão lhe tascou dois tabefes, na nossa frente: tabefes alemães, coisa muito diferente dos piparotes de suas mãos enrugadas! Pobre palerma! Sempre nos ameaça com coisas horrorosas: se não descermos imediatamente do colchão, ela nos mandará, na mesma hora, para Dachau, para a câmara de gás, nos mandará prender, fuzilar etc. E tudo isso com uma vozinha sumida, prestes a arrebentar. Não tenho a menor ideia de como conseguiu um "lugar ao sol"; isso lhe rende um bocado de pão e de geleia extra, mas pouca "glória". No entanto, se agarra a isso furiosamente. Daí seu jeito incoerente, tenso, excessivo. Chega duas horas antes da chamada, nos conta e reconta vinte e cinco vezes e, ainda assim, é a única *Blockälteste** que inevitavelmente se atrapalha. Para os alemães, virou uma pateta, é raro que se safe sem um tapa. Vinga-se em nós. Hoje de manhã, depois do tabefe em questão, agarrei o braço dela. Não sei como aconteceu, mas senti de repente, sob meus dedos, como que o osso frágil de um pássaro que se debate. Larguei-o na mesma hora. Ela fez um gesto como se quisesse me bater de novo e depois deve ter mudado de ideia e deu meia-volta; talvez não se sentisse à altura de enfrentar dignamente um confronto...

A notar: é o primeiro tabefe no campo que não me atinge. Porque foi Félicie que me deu e porque me defendi? Começo a conhecer a ladainha, *a me habituar*. Os "inúteis adornos" caem um depois do outro... Meu "eu", efervescente e vingativo, está prestes a se retirar de todos os domínios que não lhe dizem

(*) Chefe do barracão.

respeito; e só há um domínio que me diz respeito: meu caderno. *Aqui*, ninguém me fere, me toca, é apenas minha pele: e a cada dia estou mais perto de não ser mais do que pele!

*

Li para Sophie algumas passagens de minhas notas. Ela acha que não está mal, mas que meus velhos diários eram mais "pessoais".

Até agora nunca falei disso: desde os onze anos que mantenho essas notas. Deixei seis cadernos grossos na casa da porteira, dentro de uma pasta escolar, antes de começar a estudar no colégio judaico em Miskolc. Tomara que ela os guarde! Tenho pesadelos a esse respeito, que voltam com variações: passeio por algum lugar numa praça (nos arredores do teatro municipal de N.). Aperto meus cadernos contra mim, está ventando e vou andando com precaução; mas sei muito bem que *isso* vai acontecer, que é inevitável. E quando os cadernos começam a escorregar, não faço nenhum esforço para segurá-los. Olho as páginas espalhadas ao vento, marcadas pelas solas dos passantes. É como se eu assistisse a meu próprio enterro e não tivesse a força de gritar: "Ei, estou viva!".

Quem nunca sentiu a necessidade irresistível de escrever tudo o que pensa, vê, toca, talvez me acuse de exagero, mas é verdade. Tive longos períodos em que eu só existia *por* e *para* meu diário. Volta e meia rabiscava debaixo da carteira, na sala de aula, ou no banheiro, pois a pretexto de que meu diário devorava meu apetite, meu sono, sem falar de meus deveres, ele era um "fora da lei". Tudo o que me acontecia só me acontecia para ser anotado. Minha vida real não passava de uma espécie de criada, de fornecedora da vida "escrita".

Mas a vida ia depressa demais, os acontecimentos sempre passavam na minha frente; eu corria desesperadamente atrás deles e esse combate desigual me exauria.

De vez em quando, no meio de uma conversa, tinha vontade de me levantar para ir correndo até meu caderno, ou de interromper meu interlocutor pedindo-lhe que repetisse o que acabava de dizer dez minutos antes. Só podia relaxar depois de ter escrito direitinho as coisas em meu diário; meus mais negros desesperos se transformavam em ternas lembranças assim que lhes dedicava umas páginas benfeitas. Isso me lembra um caso de amor que tive faz uns poucos meses.

O objeto de minha paixão, irmão de uma colega, um rapaz alto e taciturno, me fascinava. Diziam que ele era pintor. Tinha um queixo proeminente, quando ria seus dentes inferiores escondiam a fileira de cima; e essa forma particular de seu rosto me encantava como se fosse uma obra de arte em si.

Eu me sentia desprezada, mas na verdade ele sequer prestava atenção em mim.

Foi assim que chegou o dia de minha primeira e única carta de amor. Trabalhei nela um dia e uma noite e, ao fazer isso, estava a meus próprios olhos crescendo; achei-me rica, sutil e tão realizada que o objeto de minha paixão perdeu todo o interesse. A ideia de lhe enviar a carta não me aflorou.

Sei que meu caderno é malvisto em cima de meu catre, que pode ser descoberto, destruído a qualquer momento — que continuarei a vegetar, à espera da sopa, com a ideia desesperante de que será preciso tudo refazer, arrancar tudo do caos, criar-me novamente de A a Z.

Importante: duas observações de Sophie.

1. É evidente que não é para mim que escrevo.

2. Mas insisto em minha pessoa, nos detalhes que só dizem respeito a mim. O estilo, aqui e ali, é negligente.

Admito que sou uma testemunha parcial; mas do contrário, como poderia me libertar dessa aventura sem perder meu juízo? Observo sobretudo essa migalha do campo que eu sou, e as migalhas que me cercam. Não, como eu pretenderia dar uma imagem completa do campo? (Seria o mesmo que esvaziar o mar com uma concha.)

Meu estilo deixa a desejar. Não é por desleixo. Não. Há

páginas que recopiei quatro vezes. Cada linha fede a suor, necessariamente!

Muitas vezes me acontece de só reunir meus pensamentos depois de muita obstinação, na falta de inspiração! Escrever quando se está faminto é muito diferente que escrever na banheira.

Pareço me vangloriar! Na verdade, é uma briga contínua entre meu cansaço e o horrível "é preciso". Este às vezes vence. Não gosto de escrever. Mas é preciso!

Portanto, que eu responda brevemente à pergunta sobre a qual talvez eu volte: não escrevo para mim, é óbvio. Que estas notas possam figurar entre os testemunhos, no dia do acerto de contas! Mas, fosse eu minha única leitora, ainda assim escreveria! Faria idêntico esforço para encontrar a palavra mais justa, mais forte.

*

Perdi o rastro do homem do caderno.

Continuamos em quarentena, ou melhor, em quarentena das quarentenas. Os antigos arames farpados cercados pelos novos; será que temem mesmo que a gente contamine os nativos? (E através de quê?)

O que não nos impede de fofocar todo santo dia pelas duplas fileiras de arame farpado. Histórias de arrepiar os cabelos de nossas cabeças carecas!

Pobres nativos! Somos para eles um "terreno virgem", a ocasião sonhada para aliviar suas memórias doentes. Não conseguem parar de falar! Pareceria que em Plaszow, quanto mais se têm parentes enforcados, enterrados vivos ou fuzilados, mais se é respeitável. É como ouvir os eslovacos de Auschwitz. Começam falando do pão com manteiga que estamos engolindo, enquanto as famílias deles... Não escondem a pouca estima que têm pelos "empanturrados" que nós éramos. Talvez só se aproximem das cercas de arame farpado para nos cuspir na cara: os pães com manteiga e o fato de que nos recolheram como se fôssemos carneiros, que não escondemos armas, que não nos evadimos do gueto e que nenhuma das nossas jamais liquidou um Fritz.

Um dia, uma de nós se irritou e retrucou-lhes que, com ou sem "resistência", estávamos todos no mesmo barco!

Eles começaram a berrar todos juntos, ao mesmo tempo. Ameaçavam-nos com seus punhos, cuspiam, nos chamavam de "parasitas, que nojo!". Nós nos empanturrávamos de *foie gras* enquanto eles, os combatentes, tinham sido massacrados aos milhares, os filhos deles tinham sido jogados vivos nas chamas etc.

Quem nos observasse de fora certamente teria se espantado de ver os "combatentes" vestidos como cavaleiros, suas mulheres cuidadosamente maquiadas, e as felizes "comedoras de *foie gras*", carecas e descarnadas.

Dito isso, parece que de fato o gueto de Varsóvia se rebelou. Esses cavaleiros e suas damas pintadas atiraram nos Fritz e só sucumbiram por causa do número deles, ao passo que a ideia de resistência sequer nos aflorou.

"Quantos *boches* você liquidou?" Sempre essa pergunta, seguida do mesmo ricto arrogante.

Não tínhamos armas, é claro, mas unhas, dentes e, na fábrica de tijolos, tijolos aos milhares. Éramos vinte mil, os guardas, uma dúzia... Um dia, num grupinho, até cheguei a levantar a questão: "E se cada um pegasse um tijolo?".

Foi um bafafá, algo terrível! "É preciso isolar os elementos irresponsáveis, eles *irritam as autoridades.*"

E se todos esperassem pelo enforcamento nos próximos minutos e alguém tivesse exclamado: "Adiante, cuspam, mordam, arranhem! Não temos nada a perder!", ninguém teria se mexido, por medo de *irritar as autoridades*. "Dignidade" talvez seja apenas uma palavra, mas "submissão" é de uma realidade nojenta.

Esses polacos insuportáveis sabem algo a respeito.

*

Em torno dos arames farpados nova invasão de nativos. Só uma coisa parece ir além dos sofrimentos deles: o desejo de contá-los. O que nos empurra para os arames farpados, nós, as tosquiadas, também é o *desejo*. Mas um desejo diferente.

Apesar do passado trágico, eles comem todo dia o suficiente para matar a fome; talvez nos desprezassem mais ainda se soubessem que a notícia de que hoje não haverá pão (um erro de cálculo na cozinha) nos transtornou mais que o drama de toda uma família polonesa massacrada.

Isso é o que os saciados nunca poderão entender. A diferença entre uma barriga cheia e uma barriga vazia é talvez a maior que jamais existiu na Terra. Do contrário, como explicar a impassibilidade desses mártires bem alimentados diante dos nossos olhares de mendigas ávidas e envergonhadas? Às vezes lançam fatias de pão branco como neve. Mas a isso só se seguem hostilidades, brigas. O que é uma pequena guloseima para nosso apetite de leão?

Há pouco, observamos um ajuntamento maior que de costume. Sophie e eu abrimos passagem até os arames farpados. Do lado polonês, um homem de uns quarenta anos botava toucinho entre duas fatias de pão branco, o que bastaria para explicar o ajuntamento — mas havia outra coisa.

Enquanto mordiscava distraído seu pão, contava como perdera o filho único semanas antes de nossa chegada.

Era o queridinho de todo o campo. Ali tinha crescido: a primeira e única criança judia salva em Plaszow. Com apenas doze anos, assistira ao massacre de sua mãe e de sua irmã; o esconderam entre os colchões e debaixo das camas até que, aos dezessete anos, apto para o trabalho, finalmente surgiu à luz do dia, ao final de longas manobras, uma verdadeira conspiração. Mas o garoto vivia, era bonito, forte, e ele, o único pai a ter um filho no campo.

Um dia, voltando do trabalho, não o encontrou. Só o reviu no *Appelplatz*, entre dois Fritz. Era um amontoado ensanguentado que ainda se debatia.

Quando o comandante apareceu em seu cavalo branco (fato excepcional para uma chamada), o pai compreendeu que estava tudo perdido e só teve um desejo: que tudo terminasse depressa.

Mas o mastodonte, amante de cerimônias, discorreu durante meia hora, do alto de seu cavalo, sobre a "agitação bolchevique", sobre a "missão histórica da raça alemã" etc (tudo isso diante dos *Juden-Hunde!**).

O pai não viu o resto, pois seus companheiros se comprimiram em volta dele. Mas ouviu o filho agonizando, depois o barulho, a agitação, pois o rapaz conseguira arrebentar a corda, caíra no chão e suplicava que o liquidassem com uma bala. Seu pedido não foi acatado. Tudo recomeçou durante os poucos minutos que se seguiram, ele implorou ao Deus de Abraão que lhe tirasse a razão — nada adiantou.

Terminou seu relato com estas palavras: "E estou vivo".

E come, pensei.

Continuava a segurar na mão o sanduíche de toucinho.

"Na verdade", observou Sophie, "o sanduíche que ele continuava a beliscar me impressionava mais que sua história."

*

Não há mais notícias, a não ser uma, desagradável: de uns dias para cá não se permite mais aos poloneses cristãos (assim ficamos sabendo que entre as botas envernizadas e os lenços brancos há também alguns de "raça pura") irem trabalhar na cidade, pois sua fábrica foi bombardeada.

Portanto, a vitamina J (a vitamina judia, como chamamos as notícias que vêm da frente de batalha) parou de chegar. Os nativos esperam, arrasados, às voltas com negros pressentimen-

(*) Judeus cachorros.

tos. Já há algum tempo só os pardais se aproximam das cercas de arame farpado.

Não penso mais no homem do caderno. Volto a isso apenas para esclarecer: os poloneses devem ser riscados do capítulo chamado "Esperança". Nunca se preocuparam conosco, e agora também não estão muito bem. Os *goys* não lhes tinham apenas fornecido a vitamina J, mas também comida, roupas e *zlotys*. Uma polonesa também nos mostrou uma nota de dinheiro. O *zloty* passou de mão em mão; todas nós nos juntamos para tocá-la, como hotentotes. A polonesa riu e nos deu o *zloty*. Era uma nota sem valor, talvez, ou então ela queria armar o "espetáculo". Alguém ficou no pé dela para lhe explicar que, antigamente, também fazia compras, tinha cabelos e assim por diante. Mas essa pessoa chorava como se não esperasse que acreditassem nela, como se ela mesma já não acreditasse propriamente.

Detestamos os poloneses, isso é unanimidade no nosso barracão. O que me apavora é a unanimidade. Amar ou odiar em bloco, não consigo, jamais conseguirei, nem mesmo em relação aos alemães. Sou uma nulidade diante do bloco, como diante de um tigre.

*

Ainda não tive o prazer de visitar o mercado de Plaszow. Dizem que ali reina uma animação incrível. Todo mundo compra desesperadamente; a palavra de ordem é transformar cada *zloty* em comida.

Que sorte não ter esse tipo de preocupação! Na quarentena, praticamos o comércio primitivo: duas porções de sopa contra metade de um pão, um pedaço de sabão igual a meia sopa etc.

Desde que soube que do lado de lá das cercas de arame farpado ninguém se empanturra, consigo aguentar meu estômago vazio pacientemente.

*

Todo o campo espera, sem fôlego, como numa fortaleza cujo assalto é iminente.

*

Ainda haveria muitas coisas a dizer, entre outras: a quarentena foi suspensa. Circulamos livremente pelo campo. Ainda não usei minha "liberdade", não tenho tempo; trabalho a todo vapor no que me resta de meu diário de Auschwitz; um tédio, mas urgente. Nada se sabe do trabalho que nos espera lá fora, a não ser que não estamos aqui para repousar, nem para engolir sopas e histórias abomináveis.

Os cristãos voltaram ao trabalho, limpam os escombros de sua fábrica. Uma ideia me azucrina o tempo todo: conseguir tirar daqui meu diário, por um dos *goys*. Por que não existiria alguém entre eles que pudesse fazer isso?

Segundo Sophie, de todas as minhas "ideias", que nunca a assustaram, é a mais disparatada.

Veremos.

*

Uma pequena desavença com Ruchi Falk. Fiquei gemendo, gritando enquanto dormia; sinto muito, não sou a guardiã de meus sonhos. E não cabe a ela ficar debochando!

Isso até que caiu bem; eu me propunha a passar em revista minhas vizinhas de catre.

Comecemos, portanto, pelas Falk.

A natureza exagerou muito no caso delas: devia estar com um humor especial para enfarpelá-las com trombas (semelhança inoportuna com o elefante, um bicho tão simpático). O protótipo vem em três versões — em três idades diferentes — com os mesmos olhinhos duros e espertos, as mesmas frontes estreitinhas, a mesma voracidade, a mesma vitalidade enorme e sórdida. Sairão vivas do campo, quanto a isso não há a menor dúvida, e supondo que nosso planeta seja aniquilado por um cataclismo ou outro, vejo-as daqui, essas três trombas, sendo as primeiras a emergir do nada e farejando no ar — ou no que o substituirá — alguns "negócios" possíveis.

Cada membro da "monstruosa coligação" tem sua função bem determinada. A chefe é Ruchi, a mais velha e mais forte. Em qualquer lugar onde existe um ajuntamento em que se empurram e agarram para pegar alguma coisa antes de todo mundo, ela é imbatível.

A habilidade de Feigele é o sex-appeal. É a ela que cabe mostrar as covinhas (suas irmãs, ainda mais feiosas, fazem esforços alucinantes para isso). Tem de vê-la bancar a inocente com seus olhinhos bisbilhoteiros, sussurrar para qualquer polonês que quiser ouvi-la que eram sete em casa — nove, contando os pais — e que só restam as três, tão jovens, tão desarmadas.

Surele é o camaleão do time. Muda à vontade de forma, de idade, de estado de saúde. Criança fraca em pleno crescimento se sobrar alguma coisa no fundo da marmita, gravemente doente se for preciso sair no mau tempo, e ei-la viçosa como uma flor quando um trabalho remunerado se apresenta (plantar tomates em volta dos barracões poloneses ou levar as gamelas, por exemplo).

Acontece-lhe ser inválida e velha. Nesse caso, amarram sob seu queixo o lenço preto roubado de uma polonesa (e que em geral serve, sob forma de turbante, para realçar o sex-appeal de Feigele). Acrescentem-se as duas irmãs aos prantos, segurando-a: motivo para extorquir um resto de sopa da mais empedernida cozinheira!

Não espanta que esse trio tenha tido acesso, já em Auschwitz, às funções de *Stubendienst*. Mal Félicie cruzou a porta do barracão, topou com a tribo em pomposo uniforme de guerra, erguendo-se como a fatalidade diante dessa criatura indecisa. Ela não tentou resistir; deu a impressão de admitir que essas pessoas assustadoras distribuam o pão, dividam a sopa, sacudam os colchões — em suma, que se tenham preparado desde a mais tenra idade para o posto de *Stubendienst*. Aceitou imediatamente fazer delas suas ajudantes.

Portanto, as Falk distribuem a sopa e cortam nosso pão.

Mas parece que tudo isso não passou de um tímido começo. Desde que a quarentena foi suspensa, fizeram tantos progressos que agora só roubam nosso pão por hábito.

A cama delas é um verdadeiro bazar. Foram elas as primeiras que comercializaram escovas de dentes, agulhas e sabão. Da manhã à noite duas delas fazem as trocas. A terceira guarda o butim e cuida das pequenas operações ali dentro. Ao fazerem isso, cortam nosso pão tão distraídas e chegam tão atrasadas para a distribuição da sopa que vivemos furiosas e à beira do escândalo.

— Ora — diz, fleumática, Suri (treze anos) —, não temos cabeça para isso.

E à noite, depois de todo um dia de rapinas, morrendo de cansaço em cima de seus enxergões, ainda trabalham, fazem projetos e se consultam febrilmente durante a metade da noite; e mesmo no sono regateiam ou fazem contas em iídiche.

— Olhe para elas — me diz Sophie —, aposto que daqui a duas semanas viverão como os poloneses e talvez melhor.

— Elas simplesmente têm o sentido da sobrevivência — digo eu —, basta ver as suas mãos — poderosas, curtas e ávidas, como as de aves de rapina.

Passemos à cama da direita. Ali, é "Madame" com sua filha mirrada. Um dia em que a chamei de "tia", ela teve uma crise. Sophie e eu estamos a par do número de aparelhos de jantar que tinha, esmaltados, de cristal ou de porcelana Rosenthal; do nome de sua costureira, das gorjetas que costumava distribuir e do que oferecia quando convidava as amigas de sua filha, desde o omelete de cogumelos até o pudim de amêndoas e passas.

O campo é uma verdadeira fábrica de caricaturas ou simplesmente nós só prestamos atenção nelas aqui? Enquanto isso, os outros, os *humanos*, não fazem marola, e vivem apagados tanto quanto possível, como que na ponta dos pés.

Como nossa vizinha da esquerda, Illus de Miskolz. Ela se mexe pouco e com precaução, como uma enfermeira da noite numa enfermaria de hospital; come sem barulho, não ronca, jamais lambe o fundo da gamela. Está entre as raras que nos cumprimentam ou respondem ao nosso cumprimento. Mediante duas rações de pão, foi a primeira que comprou sabão das Falk. Para isso jejuou dois dias. Pedimos-lhe, em vão, que aceitasse duas fatias de pão.

— Não, obrigada, desculpem — disse enrubescendo.

É uma "civil" incurável.

*

Dois dias febris. Não me mexo, não falo. Estou tentando atualizar meu diário.

*

Vamos trabalhar. Félicie acaba de nos anunciar. Talvez amanhã... Ainda não estou pronta.

*

Recenseamento por profissões. Impossível declarar: "colegial". Sophie alega que os alemães gostam de especialistas. A pergunta é em que se especializar. A escolha é imensa e só temos dez minutos para decidir se desejamos ser costureiras, enfermeiras, bailarinas ou datilógrafas.

Sentada à mesa que instalaram para isso, Félicie anota nossas profissões em fichas e nos ameaça — parecendo ainda mais extenuada que de costume — enviar-nos de cara para Buchenwald, para a câmara de gás (essa câmara de gás fica alternadamente em Auschwitz, em Dachau ou em Buchenwald, depende do humor) se não confessarmos de imediato quem são as que declararam: *Jüdin, Häftlinge, Hure, Hexe** e Dolores del Rio.

A meu ver ela distribui a morte a gás com muita leviandade. Afinal de contas, onde estaria seu barracão, sua base material, se cumprisse suas terríveis promessas? De onde tiraria os *zlotys* para esse pulôver púrpura que lhe dá ares de uma professora de equitação em férias?

Ah, não! Não somos todas "Dolores del Rios". Longe disso! Embora seja verdade que só o humor judeu nos ajuda a suportar todo o resto. Não vejo, palavra de honra, como podem ter vivido os judeus sem humor — como minha vizinha da direita, por exemplo, que escreveu em sua ficha:

Profissão: mulher do mundo (com diploma de segundo grau).

Exclamo:

— Para que serve isso num campo de trabalho?

— Não posso mentir, minha querida. É minha regra de ouro dizer a verdade em qualquer circunstância.

— Por que não dona de casa, cozinheira?

— Mulher do mundo! Que eles saibam!

Ela nos fulmina com os olhos. Mal e mal conseguimos lhe arrancar a profissão de sua filha: "Concluiu a quinta série no Nossa Senhora de Sion, estudou piano em Budapeste, com Emma Lövi".

Sophie e eu, eis o que marcamos em nossas fichas, uma só palavra: pedreira. No começo, eu tendia para a cozinha. Mas tive de admitir que, com meio barracão de cozinheiras já inscritas, não era uma grande ideia. Os Fritz vão ficar imaginando

---

(*) Judia, presa, puta, bruxa.

que tipo de lugar pode ser a Transilvânia, onde metade da população cuida das panelas, outra arrasta as marmitas, descasca os legumes, e assim por diante.

"Pedreiras..."

Dou a palavra a Sophie: "Nada mais maravilhoso do que um corpo com músculos tensos pelo esforço. Como é sublime a descontração depois de um dia de movimentos estafantes, quando saboreamos enfim o repouso em cada fibra de nosso corpo".

Fico pensando de onde ela tira seu entusiasmo, com as cem gramas de pão extorquidas pelas Falk. Aliás, não tenho nada contra o movimento! O ar livre! A natureza é representada em Plaszow por uma colina nua e cinza. Mas mesmo atrás de uma colina cinza o sol se põe com majestade depois de ter se imobilizado um instante no alto, como uma laranja em cima de um telhado. Sophie, que não exclui que a colina abrigue uma pedreira, já lamenta que a gente não tenha escolhido a profissão de "talhadora de pedra".

— Você não sabe — diz — a sensação que é atacar a marteladas uma massa disforme e recalcitrante, vê-la ser aprisionada com os golpes de martelo.

É algo que ignoro, é verdade. Mas o entusiasmo de Sophie já não parece ter fundamento! Senão que, antigamente, foi vizinha de um marmorista que um dia lhe permitiu tocar (ela diz "polir") num bloco de pedra com um martelo.

Quem imaginaria que a alma de um talhador de pedra dormia dentro dessa "teórica" consumada?

*

Viva a pedreira!

Eu cairia na risada se tivesse força. Sophie também não ri.

Quando voltamos, veio se arrastando, calada, ao meu lado; sequer teve tempo de se instalar na cama — o sono a fulminou acocorada. Não consegui pregar o olho por causa das dores musculares. Como eu poderei decifrar essas garatujas? Mas ainda assim escrevo. E que mais posso fazer? Sou a única acordada, neste barracão de "apopléticas".

Pensar no Egito e em outros "campos de trabalho" antes do dilúvio... De onde vem a ideia de que somos os *primeiros*? Apenas repetimos, sempre, sem fim...

Aqui, agora, repetimos a Bíblia.

"Atormentar." "Sol escaldante". O fato de ter me servido dessas palavras até este dia me parece inacreditável, uma frivolidade. Se as palavras desperdiçadas tivessem uma voz, que confusão elas fariam! "Com que direito vocês nos usam levianamente?" Esses "direitos", ganhamos aqui um ou dois todo dia. Portanto, agora tenho direito a "atormentar" e a "sol escaldante". Sou apenas uma criança, mas tenho direito a palavras que fariam gerações de antigos empalidecer.

Assim carrego essas palavras, com um triste orgulho. Félicie — que em geral se adianta uma hora — dormiu de novo, perdeu a memória, a razão, vá saber!

De qualquer forma, os *Bergkapos*,* três abrutalhados com corpos um bocado benfeitos, tinham chegado antes da *Blockälteste*, e quando ela pareceu já estávamos fora de nossos enxergões.

Tudo isso aconteceu sem pedidos nem ameaças, numa tal velocidade que a retardatária mal acreditava. Bastou-nos ver esses Zorros, o modo como andavam, seguravam o chicote, a facilidade e o prazer com que o usavam, e pimba! (Você, querida Félicie, precisaria de cinco bons minutos para nos acordar.) São profissionais! Já na chamada reparei neles, dentro de roupas justas de couro, da cabeça aos pés, como os corredores de moto.

— Deveríamos empalhá-los — observou Sophie.

Eles nem precisaram se aproximar dos catres e nós todas já degringolávamos, tontas de sono, seminuas. Riam ao perce-

---

(*) Presos que vigiam o trabalho na colina.

ber Félicie, com seus dentes que poderiam morder uma montanha. A ordem ainda não tinha sido dada e as filas já estavam formadas. E lá fomos nós. Num momento inspirado, Félicie se jogou em cima da gente para fazer a contagem, mas um *Kapo* logo a afastou com um leve gesto de cotovelo. Enquanto a pobre coitada recuperava o fôlego, já tínhamos saído pela porta da cerca.

Desfilamos em cadência pelo campo deserto, refrescadas pelo ar matutino, o movimento e a excitação, tendo ao nosso lado esse jovem *Kapo* que ainda há pouco cortou pela raiz o zelo de Félicie. Observo-o de soslaio.

Esse rosto não é desconhecido. De longe, na *Appelplatz*, já me intrigava. Impossível saber se está realmente acordado sob suas pálpebras que cobrem quase inteiramente seus olhos. Pareceu dormir na chamada, há pouco afastou Félicie enquanto dormia, dorme quando anda, e de vez em quando tem cara de estar se divertindo no sonho.

— Jurec!

Ele não se mexe, embora toda a coluna tenha se virado e o outro *Kapo* — um cara provocador, que carrega seu nome (Johnny) bem como seu chicote, sua calça de couro e os cabelos escovinha — se aproxime rindo.

Johnny já está atrás dele quando afinal Jurec se digna a virar, lentamente. Escuta-o de olhos fechados. Depois cai na gargalhada e lhe dá as costas. Johnny falou em polonês mas todo mundo sabe o que está dizendo.

Na hora em que a colina apareceu, ficou evidente que as duas mil "cozinheiras", "costureiras" e "transportadoras de marmitas" se encaminhavam para a "natureza", para dizer assim. Uma grande inquietação perpassou as fileiras. Todo mundo se informava, se agitava. Johnny interveio com o chicote; foi assim que ficou sabendo por uma das "cozinheiras" que tinha havido um recenseamento no barracão, por *profissão*. Ora, como exercer a profissão de chefe de cozinha húngaro-romeno num montículo?

— Fizeram listas? Humm, hummm — disse Johnny.
Ele caiu na risada e tratou de alegrar os companheiros.
Se essas *fichas* absurdas às vezes nos enchem a paciência, vou lhes dizer que há coisa pior do que não compreender os Fritz: é *querer* compreendê-los!

"Olhe", diz Sophie, a talhadora de pedra, quando finalmente paramos diante de uma falésia amarelada onde dois húngaros cortavam pedaços com machado. Um belo amontoado nos esperava. Procuramos com os olhos os martelos.

Mas Johnny perturba nossos sonhos soando seu apito. Um som estridente, prolongado, de mau augúrio, e já o chicote se lança e junto dele a chateação e as palavras terríveis: *Los! Los!**

Chovem as chicotadas. Guardo um vestígio delas na testa, Sophie, na nuca.

Nosso trabalho? Passar pedras de mão em mão formando uma corrente, do início ao fim da colina. Pedras, movimentos, ar livre — está tudo ali!

Conclusão: evitar a *natureza*, assim como os Fritz, enquanto estamos "concentradas".

De vez em quando, arrastamos verdadeiros blocos que mal conseguimos levantar. Em outros momentos, passamos para a frente ridículas pedrinhas, quase uns cascalhos. Um *Kapo* para cada vinte detentas; não tínhamos um instante de folga, nem mesmo quando nosso algoz olhava para o outro lado, pois se a corrente parasse outro *Kapo* começava a berrar. Pareciam quase tão contra a parede como nós! Uns ss estavam postados atrás deles; estes, aliás, não pareciam menos oprimidos, e não paravam de latir: "*Der Kommandant kommt, halt fest die Hunde!*".** O alto visitante teve a impolidez de se ausentar, mas nem por isso a perseguição diminuiu.

Quem nunca viu "nervos expostos" basta olhar para nossas costas nuas e lanhadas.

(*) Andem, mexam-se!
(**) O comandante está chegando, segurem bem os cachorros.

Nada de pausa para o almoço. E por um bom motivo: nada de almoço.

Mas o *insuportável* não era isso.

E sim... o sol!

— Imaginemos que estamos na África e que somos negros — digo.

— Por que não carne assada de panela? — retruca Sophie.

Ela se virou para mim e pensei, de fato, que estava vendo um grande assado crepitando. Seu espanto não era menor, pois eu estava com um halo cinza-preto; um ligeiro matiz me separava de Negus.

Mas essas conversas ocorreram mais cedo, no início da manhã. Ao meio-dia, nossas vozes estavam secas por causa da sede. Flagrei-me várias vezes levantando a cabeça, que eu sentia inchar sem parar como um pneu, para o *Kapo* lá do alto:

— Você está maluco? Chega, pare com isso!

E no entanto as pedras e as mãos avançavam, e sempre aquele "*Los! Los!*". E aquilo rodava vertiginosamente na minha cabeça. "Os adoradores do sol", penso, "eram na verdade os *receosos* do sol. E se isso continuar vou desabar ou cair numa religião desconhecida."

Era como se anos, toda uma vida, tivessem se escoado desde que, cinco a cinco, tínhamos subido para o calvário.

Tudo o que acontecera antes — a cama, a distribuição de pão, meu diário, a escola, minha infância — só parecia um vácuo, como se minha vida tivesse começado naquela colina, onde acabaria muito lentamente, ao fim de milênios, quando a maldita falésia afinal se esgotasse. No entanto, não desabei. Cada gesto era um novo suplício, uma nova surpresa. Não era mais eu que me mexia, mas alguma coisa dentro de mim, comigo. Através de meu torpor via as mãos, as pedras, os *Kapos* se balançarem como se estivessem bêbados. Eu também me balançava. Um pensamento, sempre o mesmo: *Não aguento mais* ou *vou desmaiar...* Mas minha mão continuava a avançar, minhas costas continuavam a se curvar.

O que é esse desgraçado *é preciso* que zela por mim e que me reanima toda vez que estou prestes a desabar?

*

Jurec está de sentinela aqui, encostado numa árvore a apenas um metro da vala onde estou deitada de bruços, como uma sabotadora. Os galhos me escondem. Mas se o vento a espalhasse, ou se Jurec tivesse a ideia de pular por cima dela... que Deus tenha piedade de mim! Mas ele não pensa nisso. Talvez também esteja "cabulando aula". Dá-se ao luxo de um pouco de solidão. Um carrasco solitário.

Seu pescoço musculoso, sua cabeça pesada apoiada na árvore, seus olhos cinzas, bem abertos, fixam o ar sem se mexer. Parecem dois buracos imensos (talvez ele tenha razão em escondê-los).

Uma fera em repouso. Uma fera melancólica, inescrutável.

Se eu tivesse vontade, poderia escrever mil vezes em seguida: *bruto, bruto, bruto...*

O chicote pende inerte em sua mão, um tanto mole. Podia ser a mão de um médico, de um desenhista...

Tento imaginar como ele devia ser antes da guerra. Um Jurec civil! Mas ele nunca foi um "civil", apenas um garoto. Foi aqui que cresceu. Foi aqui que se tornou Jurec.

Observar alguém que acredita estar só! Uma louca aventura!

Suponham que eu apareça de repente: "oi, estou aqui!".

*

Parada de quinze minutos. A vigilante chegou. (A única alemã que nunca levantou a mão para ninguém.)

Volta e meia está cercada pelos três *Bergkapos*. É por isso que não fico muito espantada ao vê-la se aproximar com um maço de cigarros. Enfia um na boca de Jurec, lhe oferece fogo e acende um para si mesma. Enquanto isso, matraqueia sem parar. Jurec também não parece surpreso; olha para ela, amical, atrás de suas pálpebras novamente baixadas, como se não houvesse nada mais normal do que estarem ali juntos, fumando.

— Procuraram por mim? — Jurec pergunta de repente.
— Só eu — diz a vigilante. (E recomeça a rir como se lhe fizessem cócegas.)
— Psiu — diz Jurec.

E de repente fico pasma: ele a agarra pelos ombros, puxa-a para si e, não, não a beija, mas lhe diz segurando-a:
— Vá embora, Liese, vá embora.
— Está com medo? — pergunta a vigilante olhando para ele, achando graça.
— Estou — responde Jurec, seco.

Ela dá de ombros, faz um muxoxo e dá meia-volta.
Assim que se afasta, Jurec a chama, tão baixinho que mal o ouço.
— Liese!

Ela logo se vira. Dá uns passos, depois começa a correr para ele. Caem um nos braços do outro.

O amor! Entendo um pouco do assunto (há vários cinemas na nossa cidade). Dito isso, não vejo por que se morder tão furiosamente com um ar tão sombrio. Parecem duas pessoas que travam uma luta de vida ou morte enquanto dormem.

Jurec é o primeiro que se afasta.
— Vá embora, vá embora — ele lhe diz com uma estranha voz esganiçada.

Está com uma cara esquisita e olha para ela com impaciência. A alemã, ao contrário, parece radiante como se acabassem de condecorá-la diante de Deus e do Reich.

73

Agora que estão em pé, um perto do outro, vejo que ela é meia cabeça mais alta que Jurec.

Ela foi embora. Ele perambula, fazendo estalar seu chicote, com o rosto severo. Uma vez parou tão perto de meu esconderijo que, avançando um pouco o pé, teria me tocado. Depois dá meia-volta subitamente e vai embora. Ufa!

*

Esse esconderijo... eu dei de cara com ele por acaso.

Estava com sede, passava as pedras, cambaleando. Tentava engolir a saliva mas quase não tinha mais.

Círculos vermelhos dançavam na frente de meus olhos. "Insolação, e mais nada", pensei. Só tinha uma ideia: sumir num canto, em algum lugar à sombra.

As latrinas não ficam longe, mas os alemães e os *Kapos* estão permanentemente de olho nelas. Assim que se forma um ajuntamento, ficamos sob uma chuva de pedras. Não é raro que se dirijam para lá pessoalmente e que o chicote nos surpreenda em posição delicada. Então, fugimos com nossas roupas, numa desordem fácil de imaginar e que faz a alegria dos Fritz e dos *Kapos*.

Pensando bem, é preferível uma insolação a uma cabeça fraturada. Levei um tempão para me decidir, mas ao meio-dia as nossas começavam a desmaiar; eu ainda me aguentava em pé, e nem pensar em perder minha alegre consciência.

Tive meu estalo ao ver o guarda se dirigir às latrinas; comecei a correr em sentido contrário. Pois era evidente: quanto mais me afastasse da corrente, mais ficaria sossegada. De repente devo ter parado diante de uma vala que barrava a estrada. Pulei para dentro, sem refletir. Fiquei um bom tempo de cócoras, prendendo a respiração. Escutava apenas o silêncio.

Não ousava esticar minhas pernas dormentes. Levei uma hora ou mais para me acalmar. Na colina, tudo continuava no seu ritmo, a corrente, os Fritz, seus cachorros, a rotina, em suma!

Deitada de bruços, tudo aquilo me chegava como um rumor contínuo, mecânico, quase inofensivo.

Depois minha atenção foi atraída por um barulho diferente, cristalino e regular, como se acima de mim, no chão, um relógio fizesse tique-taque.

Tive de rastejar um metro, e só meu anjo da guarda me impediu de gritar: no fundo da vala, entre as pedras, jorrava água. Eu tinha caído em cima de uma nascente. E então eu não era mais do que garganta, pele e "gratidão" (mais uma palavra a que tenho *direito*).

Vendo a corrente se quebrar, voltei para lá tão simplesmente como a havia deixado. Ninguém me procurara. Ninguém percebera que havia uma cabeça raspada a menos. O que há de agradável nesse lugar é que ninguém sente nossa falta.

Desde então, venho todas as manhãs ao meu "escritório". Tenho meu "sistema": instalo-me no final da corrente e, arrastando uma pedra grande, me afasto, com o ar decidido, como se tivesse uma ordem especial a cumprir. Até me acontece resmungar, no meio do caminho: "Deixem passar, deixem passar, por favor". Passo a pausa da hora do almoço na colina junto com as outras. Não encorajo Sophie, que não se atreve a se arriscar.

Eu também não, nem pensar em arriscar-me a perder um só segundo de solidão.

*

Desde que escrevo durante o dia, vai tudo melhor, a não ser aqueles poucos minutos de marcha de manhã, com o caderno dentro do saco de pão que levo a tiracolo como todo mundo; ao levá-lo comigo, com certeza me arrisco menos que deixando-o no colchão à mercê das *Stubendienst*, que remexem por todo lado, e dos comandos especiais da anã. Pouco provável que nos revistem enquanto andamos. Mas ao me aproximar do portão sinto um estranho vazio no lugar do pescoço. Há momentos em que detesto o caderno, me sinto "atrelada" a ele como a um carro infernal. Perdi três vezes as sobras de comida. Duas vezes era sopa, uma vez, geleia.

— De que se queixa? — pergunta Sophie —, você é a única aqui que não trabalha para os Fritz.

*

Ouço o batimento do meu coração. Como uma coisa independente, aninhada no matagal.

Há apenas meia hora um cavalo branco pulou por cima de minha cabeça. Seu ventre brilhoso e musculoso tremia com o esforço, pois ele carregava um fardo pouco comum. A última vez que vi uma massa de carne parecida foi no circo. Carregava uma moto com o motociclista no ombro.

Tudo tinha começado tão bem! Quando partimos, algumas nuvens incertas pairavam no céu e um gostoso vento fresco prometia o fim do calorão. Além disso, duas agradáveis notícias: vão distribuir dois baldes de geleia em cada barracão, e o *Bergkommando* passou por uma cirurgia dentária complicada e sua gengiva machucada o impedia de berrar. Desde a manhã ele fazia gargarejo, segurando um garrafão, e Johnny cuidava dele na base das anedotas, pois de vez em quando, com a boca fechada e torta de dor, ele caía na gargalhada.

Enquanto isso, as pedras passavam devagarinho de mão em mão. Esse ritmo me deixou preguiçosa. Em vez de trabalhar, eu olhava sem parar lá para fora, até finalmente reconhecer a moça de uniforme. Ela estava segurando um capacete, encostada no *bunker* dos *Kapos* e, de longe, parecia uma adolescente. Só conseguia ver a metade de Jurec (defronte do *bunker* o terreno é inclinado), seu casaco de couro verde-escuro com um zíper. Estava de olhos fechados e mal mexia os lábios, como se falar o cansasse.

Em menos de um segundo, tudo mudou. Primeiro a cara despreocupada da vigilante, um rosto redondo e alegre que subitamente ficou anguloso, quase desagradável de tanta concentração. Franzindo os olhos, ela escrutava um ponto no vale. Depois pegou Jurec pelos ombros e o fez rodopiar. Johnny e o *Bergkommando* já se juntaram a eles.

Quatro pares de olhos, quatro rostos angulosos fixaram o mesmo ponto.

Nenhuma palavra foi dita mas a corrente já parou, cada uma com sua pedra na mão. Medo! Parece que ele se propaga por ondas como o som.

Do lugar onde estão as nossas não se podia ver o vale; elas só distinguiam os quatro rostos tensos e atentos.

Os maxilares doídos começaram a berrar: "*Los, Schweine, bewegt euch*".* E a dança começou. A dança de São Guido.

Sozinha no meu esconderijo, eu ouvia as folhagens tremerem, a terra se mexer. Pensei num terremoto, mas acabei distinguindo o barulho do galope. Mal tive tempo de me abaixar e o ventre branco voava por cima de mim, seguido por outros ventres. Depois, pararam. E então eu não ouvia mais do que minha respiração ofegante.

O cavaleiro do cavalo branco estava ali onde logo antes estava Liese. Uma baleia ofegante, com uma enorme barriga, grandes tetas caídas. Um monte de condecorações tremem em seu peito. Pois então era esse o célebre esteta canibal! Sua cabeça faz pensar em uma bunda nua e lisa. Como aquelas patas inchadas aguentam o revólver? Como podem surgir decisões em cima desse queixo triplo? Como a crueldade, a perversidade ou qualquer outro "traço" conseguem perfurar aquela imunda camada de gordura? É possível que a massa disforme seja outra coisa além de um metabolismo preguiçoso, que

---

(*) Andem, porcos, mexam-se.

queira outra coisa além de digerir, respirar, preservar da apoplexia seu enorme organismo? Por mais que eu o olhasse, ele nada expressava, a não ser a obesidade.

Um buldogue cinza saltitava a seus pés. Era a única criatura que ousava se mexer.

Mas o que há? Um som, nem humano nem animal, rouco e persistente... No entanto, o "rosto" manteve-se imóvel e sereno. Difícil saber se esse som estranho emanava dele ou de sua cavalgadura...

De repente, ele se lançou. Uma volta a galope. Baixou o chicote num dorso. De pavor, a infeliz deve ter deixado cair em cima do casco do cavalo a pedra que carregava, pois o animal se empinou e o som estranho recomeçou. Agora reconheci um sinal de sua raiva: o queixo triplo tremia.

— *Rex, komm hier!** — ele chamou o bicho, apontando para a moça.

E a caça começou.

Ela pulou por cima da vala, se refugiou primeiro atrás do *bunker*, e depois se jogou no vale.

Tropeçava, teve de tirar os sapatos.

Ainda aguentou o golpe, se bem que já tropeçasse muito e se afligisse.

O buldogue estava mais calmo. Sua superioridade era evidente; ele era um "profissional".

Eu não consegui mais vê-los.

As pedras continuaram a avançar entre as mãos trêmulas. O cavaleiro estava atrás, olhava de bem pertinho, imóvel, com uma expressão jovial, quase paternal, por cima de seus três queixos, com jeito de dizer: "Que Deus as abençoe, minhas filhas!".

Finalmente reapareceu o buldogue: sozinho. Em seus grandes olhos velados pela saciedade e o cansaço jazia a indiferença dos empanturrados. Arrotava.

(*) Rex, venha aqui!

Os cavaleiros retomaram o caminho imediatamente como se esperassem apenas sua volta.

Johnny trouxe o corpo (o que restava dele) nos braços.

Estava irreconhecível. Mas a cama da esquerda, a de Illus de Miskolz, está vazia. O bazar das Falk não deixará de se espalhar por ali.

Fico pensando se existe em algum lugar um local como este, onde Deus Pai está na berlinda praticamente sem folga. Se ele criou Illus de Miskolz à sua imagem, isso também é verdade para o assassino dela. A Madame, que adotara o cristianismo na esperança de salvar a filha, já não sabe para que santo rezar. Sua única certeza: "Tudo isso não pode ser obra dos homens".

— Resta o diabo — eu lhe sugeri.

Ela tem seus escrúpulos, mas, pensando bem, não é ele o único de quem não se pode duvidar neste lugar?

Eu, que duvido até de minhas dúvidas, não rezo para mais ninguém a não ser para minha respiração: "Não me largue, por favor".

*

Pronto, esqueci meu saco de pão com meu caderno em cima da cama. Mal cheguei à colina, caiu o temporal. Inútil esclarecer que meu saco molambento não conseguiria impedir que minha "obra" se liquidificasse.

Até no sono me acontece pensar nele, procurá-lo sob o colchão. E hoje (que dia é hoje?) o *esqueci*!

Cheguei até o portão sem desconfiar de nada. Foi ali que a ansiedade reflexiva me fez lembrar. Se tivesse esquecido meus braços, meu estupor não seria maior.

*

Para mudar, eis-nos "cavouqueiras", sob uma tempestade de granizo! Cortamos pedaços mais ou menos grandes, no flanco da colina que temos de aplainar com as pás, numa superfície tão vasta que só nos resta debochar, como manetas a quem ordenassem atravessar o Danúbio a nado. Os próprios *Kapos* não podem negar que esse novo "serviço", assim como o da corrente de pedras, só tem o objetivo de nos "ocupar". A melhor prova: nos fazem trabalhar em plena tempestade, quando a terra está pegajosa e só podemos aplainar a lama; e isso só é possível nos raros instantes em que nosso equilíbrio não é ameaçado pelas rajadas e em que os cacos de gelo não nos obrigam a fechar os olhos. Encostadas nas pás, procuramos cegamente a mão da vizinha. Cega contra cega. Agarradas umas às outras, formamos assim uma muralha de nossos corpos contra o vento — para grande descontentamento dos *Kapos*, que não conseguem nos imitar. Tropeçando no meio das poças, escorregando e xingando, eles esperam a ordem de dispersar.

Esperam em vão.

Durante um instante de calmaria, levanto os olhos e vejo uma coisa muito engraçada — uma espécie de pássaro gigantesco pairando no nevoeiro! Levo algum tempo para perceber que suas "asas" são nossos farrapos e que esse monstro voador somos nós.

— Por que choramingam, se estamos tão molhados como vocês? — reclamam os *Kapos*, encolhendo-se dentro de suas roupas de couro.

Depois, mais ninguém dá bronca; é a tempestade que comanda. Ela nos sacode, hesitando entre nos estatelar no chão ou nos precipitar no vale. E isso não passa de um jogo inocente. Quando recomeça, a todo vapor, nos cobre inteiramente. Tudo agora não passa de uma onda horrorosa e só uma coisa conta: o ar. Lutamos por nosso fôlego, apertadas umas contra as outras, opondo o dique dos corpos às intempéries.

Como aconteceu? Ignoro. Mas, subitamente, eu estava sozinha, sentada numa poça — ou melhor, num riacho — de lama; ondas de lama fustigadas pela tempestade me arrastavam como a uma pedra. Impossível ficar de pé na terra escorregadia, o vento logo me derrubava. Quanto tempo durou esse escorregar? Quando, finalmente, consegui parar e me levantar, estava nada menos do que no vale, e só avistava a colina de longe, a uma distância preocupante.

E se, nesse meio-tempo, chegasse a ordem de dispersar? Toda a turma deveria ficar bloqueada, me esperando, em plena tempestade! Estou com um pedaço de gelo no peito. Mas, mesmo gelado, meu coração deve bater porque os mortos não sentem mais frio. De algum lugar das profundezas de meu pavor surgiu o *Appelplatz* úmido e o poste de fuzilamento...

De repente ouço vozes atrás de mim. Talvez eu não tenha sido a única a escorregar; ou talvez tenham vindo me buscar! Viro-me: ninguém. As vozes me chegam de um barracão, a alguns passos atrás de mim. Parece que são vozes de mulheres, quando me aproximo, mas não consigo distinguir as palavras; diante da porta minha coragem me abandona e fico hesitante, até que um novo pé de vento decide para mim.

Ao abrir a porta eis-me tragada e quase ofuscada pelos vapores quentes; pelo barulho da ducha, sei que estou num *Waschraum*. Depois das milhares de nudistas que frequentei, dizer que um punhado de nuas me deixa estarrecida! Serão os cabelos delas? Formas redondas inacreditáveis cobertas de espuma, ensaboando a pele delas, perfumada. Outras se esfregam com toalhas-esponja. Meu crânio nu, meus farrapos e aquele cheiro de *cold cream*! Gostaria de me retirar antes que notem a minha presença. Em vez disso, arranco um pedaço do vestido e o transformo em lenço. É de morrer, o farrapo úmido em minha cabeça! Quero voltar para o lado de fora, junto com as minhas, em qualquer lugar no meio da tempestade!

Mas não me mexo, petrificada na soleira, rezando para passar despercebida.

Empurram-me, eu tropeço, bato contra a porta; a mulher que entrou como um furacão não me notou. Encolho-me num "buraco". Soluço. Nunca tive amargamente tanta necessidade disso.

A mão de alguém roça em mim, desfaz o trapo encharcado sobre minha cabeça. Entre meus soluços não compreendo o que ela diz mas tanto faz, já que o espantalho liquefeito que sou tem direito às suas carícias — o que, neste lugar, beira o extraordinário, e me lança a uma espécie de felicidade frágil como uma alucinação. Se continuo a chorar, é por precaução. Para retê-la. Ela se instala no "buraco" ao lado, me diz que não devo me sentir encabulada, que chorar faz bem — um bem que infelizmente ela perdeu e não pensa mais encontrar. Depois é que tudo desaparece: a tempestade, a colina, as outras, até mesmo minhas preocupações e o poste de enforcamento. Falo, não paro, de meus pais, minha turma no colégio, meu diário, minha decisão de sobreviver. (Alguém que escute é tão raro aqui como os carinhos.) Bruscamente, paro com a sensação de ter ficado sozinha. Mas ela está ali, sorri para mim, como de longe, com esse sorriso polonês, onisciente, do qual aprendi a desconfiar. (Consideram-nos loucas inofensivas que é melhor não contrariar.)

Ela não vai me aborrecer com sua história. Agora, vai tudo bem. Dirige, junto com o marido, a oficina de serralharia. E no entanto, trocaria de vida comigo, ali na hora, tal como estou, encharcada e esfarrapada. Já está em pé cobrindo a cabeça com uma toalha.

"Ela vai embora!", penso aflita.

— Diga-me, diga-me o que está acontecendo!

E de repente me vejo como que deslocada, chata, e me calo. Enquanto seca os cabelos, continua a sorrir para mim, a dizer que nunca se deve perder a esperança — em suma, tudo o que contamos às crianças que quase sempre imaginamos mais idiotas do que são. Pede-me para esperar um instante, quer me trazer uma coisa.

Demora, e enquanto a espero minha imaginação inflamada pela fome tem tempo de se dar ao luxo de uma galinha assada, enfim, de delirar à vontade.

Quando aparece segurando uns trapos, fico quase decepcionada. Mas isso só dura um instante: uma blusa preta de lamê — não, não devo enfiá-la logo, experimentemos primeiro o pulôver. (Se o puser por cima do vestido, os alemães poderão me confiscá-lo.) Por baixo do pulôver, a blusa tem mais charme, e sou brindada com um lenço de seda branco! Com suas mãos leves ela arma um turbante. Isso combina maravilhosamente bem com minha pele morena e a blusa preta!

— Deixe eu ver, você está uma gracinha! — exclama, me beijando nas duas faces.

Era mesmo ela que, há alguns minutos, me oferecia seu sorriso devastado? Era mesmo eu que soluçava tão amargamente em seus braços? (Não podemos confiar nas próprias tristezas!)

Vários espelhos de bolso se estendem para mim. Mas o melhor ainda é o vidro; braços nus me impelem até a vidraça.

Todas as moças que tomam banho se alegram, se espantam, assim como eu. É de crer que devo ter esquecido de mim mesma, completamente. Sou eu essa jovem pessoa de turbante, toda refeita e graciosa?

Antes de ir embora ela me relembra seu nome: Elli Reich. Posso encontrá-la todas as manhãs a cerca de cem metros daqui, na serralharia. Aperta-me nos braços, parecendo agradecida, pelo prazer que se deu ao me reconfortar. Em minha emoção, nem notei que a tempestade parou, como se intimidada por meu jeito imprevisto.

Chego justo na pausa da hora do almoço. As cavouqueiras estão encharcadas até os ossos, o que não as impede de arregalar uns olhos que parecem armários com espelho. Para onde me viro caio em meu reflexo escandaloso: todas as safadezas que devo ter feito para extorquir esse "butim" de um velho polaco libidinoso. Sei que a verdade não tem a menor chance de se impor, pois nada se impõe à lei do campo: "Não se tem nada sem algo em troca". É de crer que um "libidinoso apaixonado por meus encantos" arranja minha vida! Ruchele, que distribui a sopa, perde as estribeiras, a ponto de me servir em primeiro lugar. Sophie, que está com cara de camundongo semiafogado, fala entre dois espirros: "Você conseguiu essas coisas, e pouco importa como!". É tudo o que tem a dizer.

— *Woher hast du die Sache?*
— *Von einer Polin.**

Ouço essa voz engraçada — a minha — como se saísse de uma garganta alheia. É Jurec, que apareceu do nada, me espiando atrás de suas pálpebras:

— *Ganz nett*** — diz entre os dentes, e some.

*

Dormir meia hora me revigoraria. Mas no barracão não há esperança; domingo é dia de lavagem de roupa. Todo mundo corre, se agita, enrolando-se em cobertores dos quais só emergem os ombros pontudos, cabeças carecas e um bate-papo incessante de dar enxaqueca. Uma exibição de trapos a perder de vista, que, com suas manchas, rasgões e, sobretudo, seu cheiro de rançoso (a que a água fria não consegue dar fim), alegra e empesteia nosso dia de descanso. Como não consigo trabalhar, sigo as "façanhas" de nossa nova vizinha da esquerda, que passa seus momentos de folga a atormentar um pedaço de argila (a argila é, na verdade, lama, que ela "fortalece" com areia). Disso tira formas esquisitas, que não se veem na natureza, como se o mundo natural a incomodasse. É verdade que a natureza não foi muito legal com ela, dotando-a de um bigode que faz pairar dúvidas sobre seu sexo.

Ela diz: "Não é problema meu". Nesse momento, tem o ar

(*) — De onde você tirou essas coisas?
— De uma polonesa,
(**) Nada mal.

concentrado, distante, como se meditasse sobre uma obra capital. Mas eis que se vira e diz gravemente: "Tudo bem".

Ela avaliava o preço de um pedaço de sabão que as Falk lhe ofereciam em troca da geleia de uma semana inteira.

*

Se ao menos eu não devesse tudo à minha sorte!

Mal cheguei ao barracão dos banhos, onde queria me informar sobre a oficina de serralharia, e uma tosquiada correu para mim, ofegante, sem mesmo me dar tempo de respirar:

— Jurec está à sua procura por todo lado. Se não a levarmos conosco em cinco minutos, ele vai surrar a turma toda.

— O que está esperando? Está surda?

Agarra-me. Deixo-me arrastar. Voamos por cima da colina; não sinto meu peso. Meu cérebro está vazio, minha mão dentro da dela, mole como uma pasta. Ela me larga diante do *bunker* dos *Kapos*. Ao entrar, vejo Jurec de costas. Remexe numa caixa ou num saco. Impossível que não tenha ouvido a porta. Tenho tempo de retomar fôlego. Vou andando. Ele não se mexe. Faz um tempinho que estou plantada ali, contemplando o dorso desse brutamontes. É seu jeito de tripudiar com meu medo. Faz isso conscientemente. Ele goza com isso, o animal!

— O senhor me chamou?

Dou um passo em direção ao dorso, que se vira. Verifico, não sem um quê de prazer, que tem de pigarrear.

— Onde você se meteu? — pergunta num tom bem baixinho, de dar arrepio.

Mas minha voz nada deixa transparecer, graças a Deus. Fico firme sobre meus pés:

— Estava no banheiro. Tive um mal-estar.

— Que mal-estar?

— Diarreia.

Acho que o pior passou, olho para ele sem piscar. O que vejo em seu rosto ainda me deixa paralisada.

— Veremos — ele assobia, agarrando o meu punho como para tomar meu pulso.

Retiro a mão, com um gesto que é tão pouco refletido como o da pupila diante de um grão de poeira.

A mão que agarrara a minha fica um momento em suspenso.

Resmungo:

— *Ich habe kein Fieber.*
— *Aber eine Orfeige, die hast du.**

E, imediatamente, a sensação de uma coisa pesada, de um armário despencando sobre meu crânio. O *bunker* balança, e faz-se o breu; só depois é que minha cabeça começa a queimar.

Tento me manter reta ao sair; chego à porta quando ele me diz:

— Espere!

Ouço sua voz surda às minhas costas:

— Onde estão as coisas que você vestiu ontem?

— Com o diabo — digo, me virando.

Ele se contenta em debochar. É de crer que a raiva que inspira é tão deleitável quanto o medo. O fato é que saí do *bunker* andando reta, com a marca escarlate de sua pata no meu rosto.

Manejei a pá até de noite com essa marca. Insensível às tagarelices, à ironia, e até ao sol.

Lembro-me apenas de um conselho recebido, mas não daquela que me deu:

— É melhor evitar esses carrascos.

Ao que respondi:

— Vou matá-lo... com um tijolo.

*

(*) — Não tenho febre.
— Mas um tabefe você terá.

Terraplanagem! Arrastamos nossas pás sem usá-las. O calor, ficar em pé — nada é mais estafante que o absurdo de tudo isso. Carrego como um grilheta as preciosas horas desperdiçadas. Como nesses sonhos aborrecidos em que acontece todo tipo de coisinhas insignificantes, inúteis, e no entanto cansativas. A gente se chateia no sono, sabe que tudo aquilo é impossível, que devemos acordar; e é no exato momento em que, à custa de terríveis esforços, chegamos quase ao limiar da consciência, que uma nova bobagem nos afasta, mais uma vez. E ainda assim, este dia não está entre os piores, por causa do *acontecimento* quase inconcebível que acaba de se passar.

A pausa do almoço tinha terminado. Íamos voltar para nossas pás quando vimos um estranho grupo subir para o *bunker*. Eram as tosquiadas — os lenços coloridos e as roupas limpas não conseguiam dissimulá-las. À frente, uma moça esbelta mas não descarnada, trajando um vestido que lhe caía bem, embora um pouco curto, com uma braçadeira na manga: *Lagerkapo*. Essa é boa, nunca tínhamos visto isso entre as raspadas! O jeito dela, balançando-se, seu ar despreocupado e, finalmente, os "pilares" inconfundíveis que emergem de sua roupa curta: é mesmo o "fenômeno", Juliette, viçosa e quase bonita. (Eu tinha certeza de que ela e sua mãe haviam escapado da colina, na qualidade de *Stubendienst*.) Ei-la apertando a mão de Johnny; conversam com um ar atarefado como se tratassem de coisas importantes.

O grupo de mulheres espera a certa distância.

Intimidadas por sua limpeza, nem cogitamos nos aproximar delas. Quanto ao "fenômeno", não estou propriamente surpresa. O extraordinário não é seu cotidiano? E se de repente ela tirasse um punhal para sangrar o *Bergkommando* tal como Charlotte Corday, minha surpresa não seria maior.

Obnubilada pelo acontecimento, quase esqueci: um atentado contra o Führer. Sabemos disso pelo novo guarda (um alemão da Transilvânia). Aproveitando a menor calmaria — por exemplo quando o *Bergkommando* berra do outro lado da colina —, ele nos conta em nossa língua fantásticas cobras e lagartos.

Segundo ele, a guerra está, por assim dizer, terminada, acabada, *schluss** (ficamos pensando por que estamos aqui, por que ele carrega o fuzil e fica estrábico, olha tão ansioso para a direita e a esquerda).

Não foi um terrorista qualquer mas um comandante alemão puro sangue que cometeu o atentado. Fracassou. Bem que mereceu a bala que recebeu. Durante uma guerra tão longa, deveria ter aprendido a mirar, é o mínimo que se pede.

Dito isso, eu mesma tenho momentos de amnésia em que não entendo mais o que estou fazendo a arrastar uma pá. Lanço olhares apavorados. Segundo Sophie, tenho uma perigosa tendência a recair na lógica.

*

"A solidariedade" (em geral a encontramos nos romances de guerra), encontrei-a hoje aqui em Plaszow durante esse dia que Deus quis que fosse abafado.

Com alguma aplicação, nossos "amigos" dão tratos à bola para encontrar algo que torne nossa vida mais "movimentada"! E não param de encontrar: hoje, por exemplo, o trabalho "por tarefa". Todo mundo deve aplainar um certo terreno. As que não conseguirem o farão durante a pausa do almoço. Aquelas para quem esse prazo for insuficiente, pois bem, elas vão ver só! A "tarefa" talvez não seja exagerada, mas exausta como estou é impensável. Todas me ultrapassaram. Só vejo dorsos; o mais afastado é o da escultora. Só de olhá-la me canso. Que zelo! Parece que encontra prazer nisso. Cantarola (com aquele bigode!), dá-se ao luxo de ter ímpetos! Vejo-a voltando para o meu terreno depois de terminar sua tarefa, e lhe faço sinal.

— Fique tranquila — ela me diz.

(*) No fim, encerrado.

Não acredito nos meus olhos, me arrasto até ela.

— Não se preocupe, já acabei minha tarefa.

Devo estar com cara de idiota. Ela sorri. Essa noite me ouviu falar em voz alta. "Está sonhando", pensou. Que nada! Com a cabeça encostada na parede, eu trabalhava, e como se minha mão não conseguisse seguir meus pensamentos, eu murmurava impaciente, ditando para mim mesma, gesticulando, fazendo careta, um verdadeiro espetáculo! De seu saco, ela tirou uma cabeça de argila, do tamanho de uma mão fechada, marcada de sulcos, com a boca entreaberta, a expressão atormentada, uma cabeça de velha.

Ela adivinhou meu pensamento, e disse que teve a maior dificuldade para me modelar, pois eu mudava de expressão sem parar, ao sabor de minhas ideias, mas que planeja fazer uma nova cabeça minha, em repouso, com meu lindo turbante. Faz planos e se organiza como se o campo fosse um ateliê, um lugar possível para sua energia transbordante.

Enquanto ela me ajuda com a "tarefa", diz que eu não devo me matar no trabalho. Está acostumada com o trabalho físico graças à sua profissão e às suas origens camponesas. (Camponeses judeus — eu ignorava que isso existia.) Também esteve presa.

Espera por mim para me explicar. Pegaram todos os judeus, sem exceção, sem distinção — três meses ou vinte anos, tanto fazia.

— Isso quer dizer que aqui é o fim do caminho?

— Estamos ao ar livre — ela diz. — Na penitenciária, não tínhamos direito a passeios, nem a visitas.

Pergunto-me que crime ela pode ter "cometido", com sua energia. Mas nada "cometeu", a não ser panfletos e discursos contra a ordem das coisas. Acontece que sou filha de advogado e sei que para abalar a ordem das coisas é preciso ter consigo o exército, a polícia, a justiça... E há os "engraçadinhos" que esperam chegar a isso com panfletos.

— Havia um casal que morava no mesmo prédio que nós.

Ora era o homem, ora a mulher que estava na prisão; e quando um deles estava solto e ia falar com meu pai, para nós, crianças, era proibido passar pela entrada. Eram pessoas graves e secretas. Os princípios pelos quais sofriam coisas abomináveis me faziam tremer de respeito, sendo eu uma dessas que tremem no dentista.

Devo fazer uma cara esquisita, pois ela observa:

— Se isso a incomoda, esqueça.

Digo que tem razão em falar no assunto, pois, de onde quer que a gente venha e quem quer que a gente seja, agora não temos como estar mais presas do que já estamos.

— O que não a impedirá de escrever esta noite, aposto.

— Nem a você de querer mudar o mundo sem uma bomba desgraçada ou ao menos uma pistola.

Ela ri.

— Mais que nunca! Arriscando-me a virar uma personagem cômica no seu diário.

— Meu diário e seus panfletos, é tudo a mesma coisa. É de morrer de rir.

Penso, porém, que ela não é uma personagem cômica: os cômicos nunca riem de si mesmos.

*

Os *Bergkapos* se divertem com répteis à guisa de chicote. Uma serpente estala no meu ombro. É uma brincadeira de Jurec. Não lhe dou o gostinho de soltar um desses sons agudos, "tipicamente femininos", que ressoam na colina. Ele faz a coisa girar em volta da cabeça — o que parece uma performance para um réptil exausto, que se levanta todo reto no ar, no meio das cavouqueiras que matraqueiam, uma mais do que a outra (no limite da volúpia). Com seu jeito de espiar por trás das pálpebras fechadas, com sua máscara tensa, seu andar flexível, ele lembra um mágico, um malabarista — em suma, um fenômeno de circo. Enfia a mão no bolso, tira uma caixinha que está dentro de um envelope rosa, entrega-me.

— *Mach es nur auf.**

É uma ordem.

A fim de evitar que um rato ou um sapo pule na minha cara, seguro a caixa à distância e abro-a com precaução. O que sai dali não é um rato nem um sapo, mas um forte cheiro de sardinhas. Estou segurando um sanduíche de manteiga e sardinhas. Não olho para o "máscara", mas o sinto crispado. Sinto também as ondas de fome que me são enviadas de todo lado. Estou no centro de todas as barrigas vazias, de toda a fome deste mundo. Cuidado, penso, acima de tudo não devo me precipitar. Fecho novamente a caixa, depois a jogo com calma (embora ela pudesse ter caído mais longe). Vejo a multidão acorrer, atirar-se em cima e Jurec, sombrio, disparar para cima da confusão. Enfim, com três dedos na boca, como de costume, Johnny toca a sirene. Todo mundo volta para o seu lugar, saímos em marcha.

Uma marcha que, por causa do meu humor jubilatório contido, me parece muito longa; estou esperando que, quando estiver em cima do meu colchão, a alegria enfim estoure, me submerja. Mas que nada! Já reparei: as alegrias com que conto demais me pregam uma peça; um pouco como se eu ganhasse um concurso e verificasse, no final, que tinha concorrido sozinha, sem rival nem torcida.

P.S.: Uma mania: enquanto Sophie ia buscar o pão, vesti minhas novas roupas — depois disso, sob o cobertor, me despi e enfiei tudo no colchão. O que significava isso? Vá saber!

Se eu conseguisse entender a mim mesma, com as outras me arranjaria... talvez.

*

(*) Abra-a.

Escrevo em cima de uma caixa virada, sentada num banquinho. Entre minha cabeça e o insuportável céu de Plaszow, um monte de vigas (vistas de baixo, com os olhos semicerrados, parecem navegar). Não paro de olhar para elas como se pudessem desaparecer de uma hora para outra. No entanto, não estou "gazeteando". É meu teto *legal*. Sou *empregada* de um depósito de roupa branca.

Empregada... É razão para me sentir como que inebriada, e enquanto escrevo esboço uma espécie de sorriso inalienável. O sorriso de alguém que, no inverno, bem no quentinho, em absoluta segurança, contempla pela janela o mundo lá fora, glacial e cheio de imprevistos. Pensar em tudo de que escapei: o sol, a chuva, os *Kapos*, as bundas nuas nas latrinas correndo diante dos chicotes, Jurec...

De manhã, na chamada, meu amigo do caderno apareceu. Pediu silêncio e passou diversas vezes diante da coluna, escrutando todas as fileiras, com seu rosto comprido, tenso pela atenção. Escolheu, primeiro, uma moça "loura", Alice, o que não surpreendeu ninguém. Pois, seja como for, das duas mil cabeças só uma é "loura". Na verdade, só se trata de uma franja sobre a testa, que a tosquiadora eslovaca poupou, depois de, indecisa, ter virado e revirado as tesouras numa cascata dourada. Foi assim que esse Sansão feminino ficou conosco; a franja é mais eficaz do que todas as tramoias das Falk. Na qualidade de *Stubendienst*, Alice nunca deixou de ter sua ração dupla de sopa — assim como sua prima Magda, que ela conseguiu manter perto de si.

Duas já saíram da coluna, e o homem do caderno passa um olhar atento pelas fileiras, com cara de procurar alguém. Sinto meu coração na garganta. Tudo o que quero é me apresentar, mas como nesses pesadelos em que não conseguimos nos mexer embora nossa vida dependa disso, não me mexo. De repente, o sangue me sobe à cabeça: é Ruchi Falk diante do *Lagerkapo*. Seu sotaque meloso de falsa mendiga, a vulgaridade sem nome, a feiura — nada adianta, pois sua conversa mole acaba vencendo:

a irmã só tem treze anos, é uma criança fraca, doentia, que o trabalho na colina vai acabar matando. Eleva-se um murmúrio na coluna. Surele nunca foi para a colina! E eis a nojentinha ao lado de Alice e de Magda. Quatro moças de Dunaszerdahely se juntam ao grupo, o que tampouco é por acaso.

Nós, as transilvanianas, somos as mais numerosas no transporte. Mas o que é o número diante do peso pesado de uma união compacta? A cumplicidade sem falha de um bando saído da mesma aldeia? Uma por todas, todas por uma. Do gênero mosqueteiras um pouco obtusas, para completar, e analfabetas, até a última delas. A fronteira do mundo — vocês não sabiam? — é o Danúbio, e em especial o Danúbio em Dunaszerdahely. O resto são só "intrigas". Têm a sorte de desprezar tudo o que ignoram, a começar pelo vocabulário, que estropiam alegremente; daí as chamarmos "as hunos".

Portanto, são sete ao todo, contando as hunos. O *Lagerkapo* conta-as mais uma vez, mete-se entre as fileiras com um olhar concentrado. Sophie me puxa, a escultora me empurra. Fico inerte enquanto um outro eu, ansioso e ávido, segue todos os movimentos. Finalmente, ele se vira para Félicie, desapontado.

— *Wo ist die Kleine... die Kleine?* * — pergunta, e seu olhar para perto de mim.

— *Aber ich bin gar nicht klein bitte.* **

Afinal me endireito, dou um passo à frente, meu rosto queima sob os olhares convergentes, o do *Lagerkapo* aliviado e irritado ao mesmo tempo:

— *Warum hast du dich nicht sofort gemeldet?* ***

Murmuro que não sei, e de repente me lembro de Sophie.

— Minha melhor amiga, por favor, pegue-a para o grupo!

(*) — Onde está a pequena... a pequena?
(**) — Mas não sou nada pequena.
(***) — Por que você não se apresentou logo?

Não há jeito, ele só precisa de oito pessoas. Mas destas, vai se ocupar.

Encontramos, na saída, os três *Bergkapos*. Estão atrasados. Ou será que hoje nos enfileiraram mais cedo? Jurec me despista prontamente e se posta diante do *Lagerkapo*. Falam em polonês mas compreendo, por seus olhares virados para mim, que ele deve ter lhe explicado que estou no seu grupo. O *Lagerkapo* o olha de cima a baixo, desnorteado (todas nós estamos no seu grupo). Fixa em mim seu olhar ligeiramente intrigado. Diz que posso voltar para a colina, se quiser. Balanço a cabeça: não. Voltar! Deus de misericórdia!

A colina! Se pelo menos eu conseguisse expulsá-la de meus pesadelos. Prefiro as hunos, que já me olham atravessado, como se, ao me negar a partir, eu me implantasse, ocupasse um lugar que lhes cabe de direito.

E eis o "depósito"! Imaginem uma velhíssima lata de lixo debruada de teias de aranha e mofo. Devemos remexer longamente antes de encontrar, no meio daqueles elementos naturais, alguns calções amarelados pela idade, e depois, à medida que os olhos se acomodam, uma quantidade de calcinhas, camisas, blusas, pulôveres jogados de qualquer jeito ou grudados uns nos outros e cheirando a mofo. Antigamente, deviam ter uma cor. Encontramos traços dela sob as grossas camadas de poeira e sujeira quando os sacudimos. De vez em quando, tomo coragem. Viro-me depressa, tossindo; tenho medo de trair pensamentos a que uma *empregada*, e sobretudo uma recém-chegada, não pode se dar ao luxo. Pois nós, as novas, ainda não temos camisa, nem calcinha. Compramos cada trapo, cada pedaço de sabão, pelo preço de nossa "ração". Quantas "rações" de pão jazem aqui na poeira, meio roídas pelas traças? O que não parece incomodar nossas patroas, aliás cheias de boa vontade, perambulando tranquilamente dentro de suas blusas impecáveis no meio daquelas imundícies, do cheiro dos ratos, de mofo. Toda vez que dão uma olhada para fora, afastam da janela as teias de aranha, como uma cortina. Prova de que devem ter se servido de cortinas em suas vidas anteriores.

A mais velha é Frau Ellis, uma pessoa seca, extenuada, nervosa, impossível dizer sua idade. E no entanto a "nervosa" é a mais jovem, Sonia — na faixa dos trinta, é o que alega, e também que não devemos levá-la a sério. Mexe-se sem parar, raramente termina as frases, não espera resposta para as perguntas que faz. A seu ver, falar é apenas um tique, pois quem em Plaszow teria alguma coisa para dizer que já não tenha sido dita? Que esta manhã ela esteja viva não quer dizer nada quando se pensa na noite, ou daqui a uma hora, pois com esses "cachorros" nunca se sabe. Tem razão, a lengalenga é mortal, mesmo para uma tragédia. Se conhecemos uma, conhecemos todas: o gueto, as "ações",* e a inutilidade de tudo. E a palavra que repetem infinitamente: *Scheisse*.**

Foi por ela que ficamos sabendo da história da terceira, a mais jovem das moças do depósito, Vania: é "ariana", filha única de um rico agricultor. Teve a ideia extravagante de se casar com um judeu no gueto. Seguiu-o para o campo, embora, sob intervenção de sua família e mediante uma caução importante, os "cachorros" tivessem consentido em libertá-la se aceitasse se divorciar. Para Vania isso estava fora de cogitação. Seu marido foi liquidado no ano passado, durante uma "ação". Desde então, ela zanza todo santo dia pelo depósito e a noite inteira pelo barracão. Sempre foi uma esfinge, mas agora não abre mais a boca; concordando previamente com tudo, com qualquer coisa, "só respira por hábito", diz Sonia, e talvez para ela isso seja o melhor. É de crer que a apatia conserva. Ela não tem o jeito acabado por causa de seu drama. Ao contrário, convive com ele maravilhosamente bem — com seus olhos imensos e olheiras, a pele transparente, o jeito etéreo, parece a ilustração viva de sua história romanesca. Custa-se a crer que,

(*) Massacres em massa.
(**) Ninharias.

por mais feérica e trágica que seja, ela se alimente, se levante toda manhã, dê descarga como todo mundo. "Mesmo assim, come" — observa uma das hunos em sua simplicidade — "sem o que não teria a força de correr o dia inteiro." "É preciso ter pele dura" — acrescenta — "para viver entre as imundícies. Com todas essas mortes e essas histórias atrás de si." Alega ter visto a gorda Sonia dar pão aos corvos. "Se pelo menos eu soubesse alemão, lhe diria que aqui tem gente mais faminta que os corvos ou os mortos."

Jamais tiveram a ideia de abrir as janelas? E nós? O que estamos fazendo aqui, senão faxina? Evidentemente, as teias de aranha são a "decoração" delas. Levaram anos para juntar todas essas sujeiras, devem estar apegadas; é o seu passado, de certa forma o seu museu. É uma sujeira "de época"; tirando isso, talvez se sintam perdidas, desalojadas.

Intermináveis discussões. Finalmente, confiamos o negócio a Alice, por causa de sua franja, de seu ar resoluto e de seu excelente alemão.

— Vou tentar — ela diz —, e seja o que Deus quiser.

Posta-se na frente de Sonia:

— Poderia nos indicar em que consiste nosso trabalho? Gostaríamos de começar.

As sobrancelhas de Sonia sobem até a raiz dos cabelos; a pergunta a pegou de surpresa:

— Se limpassem o soalho... — diz com voz hesitante.

— Limpar o soalho? Mas qual é o sentido disso quando as paredes, as estantes, as janelas, em suma, tudo está desabando de sujeira?

É uma das hunos que fala assim, cheia de gestos. Segue-se um enérgico resumo da situação por parte de Alice, que sabe se comportar. Talvez seja da mesma aldeia ou da mesma região, mas ela é da alta sociedade. As hunos a veneram freneticamente, assim como me detestam. Por quê? Pouco importa, as hunos não precisam de motivos, funcionam automaticamente por impulsos tribais.

— Você quer dizer — pergunta Sonia, preocupada — que tudo isso seria... — e com seu braço curto descreve um círculo.

— É isso — exclamei —, a grande faxina.

Parece avaliar a proposta, de repente tem um estalo e começa a bater palmas.

— É maravilhoso! É perfeito!

E me tasca um grande beijo. Sinto o ódio das bárbaras me trespassar como uma flecha. Dito isso, fizemos um bom trabalho juntas. Para amanhã só nos restam as janelas e o soalho. Poderíamos ter feito mais se nossas patroas não tivessem ficado grudadas o tempo todo em nossos pés. Pela primeira vez me mexi de forma útil no campo. Até tirei um proveito pessoal, pois com a ajuda de quatro caixas montei um "gabinete de trabalho" num canto.

Recebemos a visita do *Lagerkapo*. Ele fingia não reconhecer o lugar. Para nos agradar, certamente exagerou em sua surpresa. Cumprimentou-nos estendendo a mão. Começou por mim, e como eu não entendesse de imediato, foi com certo atraso, muito desajeitada, que enfiei minha mão na sua. Pode-se esquecer de apertar a mão de alguém? Basta esse pequeno detalhe para me deixar de mau humor.

P.S.: O nome dele é Konhauser, antes dirigia uma casa de aposentados na Silésia; "dali ao necrotério é só um passo", pensei.

*

Sou incurável. As bobagens sórdidas acabam comigo. Jamais conseguirei derrotar Dunaszerdahely nem o mal-estar que me causa. E no entanto, eu tinha em mãos a chave da situação. Bastava um instante, um movimento, e a temida cidade teria se aberto para mim. Foi esse momento único, esse movimento que perdi. Estou desesperada, entregue ao rancor maciço de uma horda de débeis mentais. Nem sequer me consolo com o fato de nada ter a ver com isso, a não ser que seja meu demônio pessoal (um monumento de vaidade) que me sussurre sem parar: "Não se deixe abater". E não me deixo abater! E pago o pato e me ferro! E isso não para! Hoje "ele" se serviu de Sonia. Ela me passou um pão com manteiga. Mas por que para mim, justamente? Pela mesma maldita razão que "ele" me deu a blusa preta e o turbante: por perfídia, para me meter numa confusão dos diabos e se divertir às minhas custas.

As outras estavam de costas no fundo do depósito, quando Sonia, certa do princípio de que normalmente os olhos ficam debaixo da testa, me passou o pão com manteiga. Mas Sonia não conhece as hunos nem Suri Falk, que são exceções à regra — elas veem com as costas e até mesmo com os saltos do sapato. Sem falar das primas que também veem mais do que convém a moças da "alta sociedade".

Viram, eu sei. Sabem que eu sei. Esperam, viradas para mim sem a menor vergonha, passando seus olhares excitados do pão com manteiga ao meu rosto e de meu rosto ao pão com manteiga. Até mesmo sob a franja loura o apetite assume uma expressão desesperada, lamentável.

Orgulho ferido? Despeito? Em suma, o Maligno trava um combate violento contra uma pessoa sensata que tudo o que pede é salvar a pele. E esta parece vencer. Sei o que tenho de fazer, é simples. Basta passar o pão com manteiga para Rozzi de Dunaszerdahely, uma pessoa sombria e acabrunhada que sofre de uma misteriosa doença feminina e de quem as companheiras cuidam com um afeto um tanto singular: "Não toque nisso, sua idiota!" ou "Quer largar essa caixa, santo Deus!"...

Uma vida tranquila, cercada de estima e rostos amáveis! Bastaria que eu estendesse a mão... Se pelo menos essa enfermiça criatura não começasse a limpar o nariz assumindo uma atitude de voluptuoso abandono! Não é nojo, mas vontade de bater na mão dela, e uma lembrança que essa vontade reaviva: um dia, tendo flagrado Sophie coçando umas espinhas, dei-lhe um tapa. Sophie. Não é a ela que devo esse pão com manteiga, se é que "devo" a alguém?

Com que direito me olham assim de cima a baixo? Elas que esperem! Buscar os favores de um bando de selvagens! Ainda não cheguei a esse ponto extremo! Parto em dois meu pão com manteiga, passo meu olhar sucessivamente pelas três bárbaras ensombrecidas, pela "franja" e sua prima, e por Suri que, de excitação, quase deixa cair seu queixo pontudo. Viro-me e me dirijo tranquilamente para meu "escritório". O silêncio deixado atrás de mim persegue-me, infelizmente, como a premonição de uma tragédia, como um malefício que eu mesma teria jogado sobre mim.

Excomungada. Esta é mais uma palavra a que tenho o "direito", mais pesada que todas as outras. É a primeira vez que penso na colina como não sendo a pior coisa que me aconteceu.

Não ouso chorar. Nem pensar em lhes dar esse gostinho!

A pequena Suri ronda à minha volta (o que é ainda mais ofensivo que a solidão). Uma vez, esgueirou-se até meu "escritório" — seus olhinhos de inseto brilhavam — e me falou baixinho:

— Nós duas ficaremos com as polacas, tudo bem?
— Saia!...

Foi tudo o que tive a força de articular.

Ali estava eu, mais baixa que a terra. Em minha extrema miséria, devorei sozinha o pão e não senti seu gosto. Acabou a fome, eis onde estou! E se as coisas tivessem parado por aí!

Diante do barracão, Sophie e a escultora me esperam com ares misteriosos e um programa bem definido. Se eu furtar duas a três calcinhas e camisas por dia (acham que tenho lugar de sobra para elas, debaixo de minha blusa), poderemos vestir em poucas semanas uma parte do barracão, a mais maltrapilha.

Meu olhar vai de uma à outra.

— Poucas semanas? Não é demais?
— Por quê? Você tem uma ideia melhor? — pergunta Sophie, inquieta, e mais suja que nunca.
— Mas claro, o assalto sempre me tentou mais que o roubo.

Calam-se. Depois a escultora diz, conciliadora, que eu talvez esteja muito cansada agora, mas que, quando tiver descansado, me pede a gentileza de lhe dedicar alguns instantes.

Não seja boba, é óbvio, estou sempre à sua disposição. Mas para esse negócio seria melhor dirigir-se a Suri Falk! Dou-lhe um bonito sorriso.

Ela se nega a crer que estou falando sério. Seu tom reprovador, sua "moralidade" que enche a paciência. Como se carregasse a humanidade nos ombros — todos os malditos da Terra. Só que com os meus ombros não deve contar. São de pequeno formato. O único maldito que posso carregar sou eu mesma, e isso já está acima de minhas forças.

— Escute, madame — digo, com a voz mais calma.

— Sou solteira — ela retifica suavemente.

— Para mim tanto faz o que você é, nem que fosse o papa em pessoa. Não me meto na sua vida. Quando eu precisar de uma tutora, lhe farei sinal.

— Você está realmente mal-humorada — recomeça com compaixão a solteira imperturbável. — A colina não lhe deixava num estado desses.

Diga-se de passagem que ela não está errada!

Não compreendem por que eu caio na risada. É que vejo daqui a cara que vão fazer.

— Volto para a colina amanhã, vou propor os nomes de vocês para o meu lugar. Basta que ajudem o barracão, e o mundo, tudo por sua conta e risco.

Nisso, vou embora e, voltando para minha cama, faço de conta que estou dormindo. Não insistem mais.

*

Konhauser nos distribuiu fatias grossas de pão generosamente fornidas de queijo branco. Guardei uma metade (a menor) para Sophie; também belisquei uma parte do queijo dela.

Minha consciência anda mais ou menos.

Hoje me esgueirei entre as estantes com a sensação de ser

seguida, ou melhor, "espiada". Volta e meia tenho a impressão de que as Dunaszerdahelyanas e Alice não tiram os olhos de mim. E eu? Será que não prendo minha respiração toda vez que Suri ou uma das bárbaras se arrisca perto das prateleiras com a "mercadoria" lavada, passada, guardada graças a nossos cuidados? O que eu não daria para poder contar ao menos uma das pilhas de camisas ou calcinhas! Ainda não toquei em nada. Já não se trata de escamotear o que quer que seja debaixo de minha blusa, de "vestir o barracão". Mas, estranho, desde que os sonhos "humanitários" da escultora parecem ter se desfeito, a ideia começa a me azucrinar; em suma, não mais me parece inimaginável.

*

Drama policial no depósito. Todo mundo se mexe, se agita, condena. Quem diria: um juiz de instrução cochilava atrás da franja de Alice! Sonia e Dunaszerdahely são as forças de polícia. Indiciados, juízes, testemunhas, até a defesa é representada: um tribunal completo. Só eu como "espectador", e Vania, o ser feérico que continua imperturbável a zanzar pelo barracão.

O processo partiu de um bolso: quarenta *zlotys* desapareceram. Sonia, a vítima, decididamente esquece a "inutilidade de tudo", e esperneia, fora de si. "Bando de canalhas", "quadrilha". Xinga, batendo os pés, dizendo que preferiria esfregar o soalho sozinha a estar cercada de "bandidas". "Agora já vi tudo", murmura uma das hunos, pois isso era demais para a dignidade da famosa aldeia. A "nobre" Alice: exangue. "Revistem-nos", ela propõe. Mas as coisas pararam por aí. Alguém percebeu que a pequena Falk se ausentara. Foram encontrá-la em cima do monte de imundícies perto do depósito. Aninhara-se entre os ossos esparsos, as cascas de legumes e outros detritos. Estava com as notas de dinheiro na palma da mão, e antes que tivessem ido lá para interpelá-la, começou a xingar desesperadamente. Sonia a esbofeteou. Ela ficou sob os cuidados das hunos, sem que cessasse de contar sua enternecedora história de um tio polonês que acabava de encontrar pelo maior dos acasos.

— Aqui, ao lado do lixo? — pergunta Alice.

A julgar por sua expressão, os tios surgidos de imprevisto não lhe inspiravam a menor confiança.

Dunaszerdahely encadeia mais cruamente.

— Grandes beijos de família, hein?

— Ai, ai — berra Suri, que continua a apertar em suas patas os *zlotys* com imponente determinação (uma Falk é uma Falk, mesmo sob tortura).

Eis o cortejo: Sonia à frente, rosa, "crepitante" como uma perua mal saída do forno, seguida por Dunaszerdahely com o troféu, berrando, depois as primas, esforçando-se para lhe arrancar os *zlotys* e, finalmente, eu, que não pediria outra coisa senão gritar "*bis!*" como na ópera depois de uma ária brilhante.

Atenção, estamos chegando ao desfecho. Ele nos espera diante da porta do depósito. É um homenzinho moreno e atarracado, com uma cabeça esquisita como que desenhada pela mão de uma criança com lápis grosso. Warszawski (dono desse rosto esquisito) é o fotógrafo do campo; seu quarto escuro dá para o depósito. Segundo Frau Ellis e Sonia, "não tem nada de um intelectual". O que não o impede de fazer excelentes fotos dos alemães, de suas namoradas, de seus cachorros e, às vezes, até mesmo de Sonia. Um gaiato alegre, beirando os quarenta anos; perdeu uma filha da minha idade e se zanga até as lágrimas quando alguém ousa duvidar de sua "funda tristeza". Um fanfarrão, em suma, que de vez em quando consegue arrancar um pálido sorriso de Vania.

Imaginem que esse homem "fundamente triste" tem afeição por Suri. Por esse monstro! Talvez por ela ser tão atrozmente feia, baixinha e repugnante. E como um pai frustrado encontraria em Plaszow filhos limpos, belos e amáveis?

— O que vocês têm contra essa pequena? — pergunta, ameaçador, barrando o caminho da procissão.

— Uuuuuuuu! — berra a "criança" a plenos pulmões (não seria uma Falk se não tirasse proveito da situação).

E os guardas são forçados a largá-la.

Sonia, que ele impede de entrar no depósito, reclama, fora de si. Frau Ellis começa a vociferar lá de dentro e Vania, a ninfa, também aparece como simples figurante.

Teriam se atracado se Sonia não fosse tão pequena e molenga. Ela bate energicamente no braço musculoso do fotógrafo. Ele acha graça, contenta-se em segurar seus punhos, antes de se dirigir a ela (na verdade, a nós todos):

— Você terá seus *zlotys*, mas não antes de nos dizer de onde eles vêm.

E como a resposta é mais uma onda de injúrias, ele responde no lugar dela:

— Você os roubou.

Olha para ela, tranquilo, quase com bondade, deixa passar a explosão e continua:

— E, além do mais, roubou das nossas, dessas que morrem ao ar livre, sob a canícula. Você rouba, eu roubo, todo mundo rouba — mais um dia, mais uma hora arrancadas da morte. Não lhe atiro a primeira pedra, mas por que você não gosta dessa garota? Venha, Suri!

Com sua grande pata, aperta contra si a coisinha trêmula que parece hesitar entre chorar e sorrir, e afinal se decide a deixar que um sorriso se filtre entre as lágrimas.

— Vou pegá-la para o meu ateliê — diz o fotógrafo. — Não garanto que aprenda o ofício, mas a roubar, certamente. A remexer nos bolsos! Que estupidez! Em vez de surrupiar umas coisas das prateleiras! Você receberá o dobro dos *goys* que trabalham na cidade e ninguém a chamará de ladra.

Não ouso piscar, e não me escapa o olhar que as primas trocam entre si. A honestidade ancestral de Dunaszerdahely parece vacilar.

Sonia continua a berrar em polonês, em alemão, em iídiche (três línguas que não param de se misturar nesse barracão); Vania, a errante, nem sequer finge escutar; de repente me vem a ideia de que também ela vive de roubar, do que rouba dos esqueletos seminus da colina.

*

Pequeno deslize: hoje entrei de repente no quarto escuro. O fotógrafo estava fazendo um ensopado para ele e Suri. Os dois pareciam excitados pela confusão ou pelos vapores apetitosos. Dei no pé rapidinho. Mas Warszawski me agarrou e me passou um pão inteiro, para dividir entre nós sete.

Outra novidade: faremos a chamada tendo as polonesas como "almoxarifes". De longe, avistei Elli Reich. Várias vezes tentei captar seu olhar, em vão. (Talvez seja míope.)

Na chamada, os *Bergkapos* ficam do outro lado da praça, Jurec mais sonolento que nunca, belo como uma serpente.

*

O *Lagerkapo* escolheu três de nós, Alice, Magda e eu, para fazer a faxina do depósito vizinho. É ali que os presos cristãos deixam seus pertences, que reencontrarão quando forem libertos. Zanzamos entre as fileiras de vestidos, ternos, aspirando a querida poeira de outrora.

— Lembra do meu vestido de shantung azul? Tinha o mesmo corte — diz Magda à prima.

Ficamos longos minutos contemplando o vestido de shantung parecido com o de Magda e suspiramos em uníssono.

Segundo o *Lagerkapo*, esse depósito faz parte da sessão de atividades de todas nós; se confia sua manutenção a nós três não é por desrespeito às nossas colegas, mas porque têm dificuldade para se expressar em alemão. "A inteligência" — ele diz num suspiro — "é a primeira coisa que procuro numa mulher! Como é possível que nunca a tenha encontrado senão em mulheres bonitas?"

Pronto! Ele nos presenteia com uma coisa que imaginaríamos estar em suspenso, em hibernação, e era melhor que estivesse. Mulheres bonitas num campo não são como flores numa sepultura?

— Jamais esperaria ter uma escritora sob minhas ordens. A propósito, como vai o seu romance?

— Não é um romance, é um diário.

— No seu diário, então! Que pena que eu não compreenda sua língua singular, que porém não para de me surpreender.

— Irão traduzi-lo.

— Em alemão?

— Em todas as línguas.

— É... claro...

Sem a menor dúvida ficam pensando se estou brincando ou se sou meio doida, e fazem uma expressão banal. Não esboço o sorriso que facilita as coisas.

Em seguida, o *Lagerkapo* passa à história de Suri; pede-nos detalhes, o relatório de A a Z. E, no entanto, suas perguntas dão a entender que está devidamente informado.

— Ele disse isso a Sonia, com essas palavras, diante de toda a turma? Ha, ha, ha, ha!...

— O que acha? — pergunto, como quem não quer nada.

— Esses pertences estavam destinados ao nosso transporte?

— "Destinados" — ele diz isso num tom esquisito, com um sorriso esquisito —, você tem uma visão poética das coisas.

Sei que é uma palavra deslocada, como qualquer palavra numa carnificina. Sei muitas coisas pelo fotógrafo, entre outras que os pertences dos quais nos despojaram na estação de Auschwitz, que supostamente seriam divididos entre os presos dos diversos campos, são objeto de um tráfico formidável do qual os detentos só veem os detritos. E como esperar que um comandante tão "colossal" como o nosso (o obeso a cavalo) satisfaça com seu salário o próprio apetite, o de seu cão, de seus cavalos, sem falar das jovens que não se acomodam por puro idealismo com um corpo igual ao dele?

Prefiro não pensar em como nosso benfeitor satisfaz suas necessidades. Para minha surpresa, é ele mesmo que aborda esse assunto delicado. Diz ter pensado em distribuir tudo o que resta no depósito, mas resta pouco! Mais ou menos uma calcinha para dez pessoas. Teme a confusão.

Observo que isso faria algumas diarreias a menos. Ele dá de ombros; basta que eu fale com as senhoras do depósito. Não tem coragem, confessa, esse negócio de roupa de baixo é demais para ele. Levantamos, é hora de começar a faxina. Ele faz votos para que a gente não se mate na tarefa. Ficaríamos constrangidas se tirasse uma soneca? Avisa que passa seus momentos de folga a dormir, e, como tem muitos, dorme o dia inteiro. É uma bênção do céu, é sua receita contra a guerra e todas as insanidades. Vai nos contar seus sonhos, tem uns fantásticos. E, nisso, deita-se no sofá de onde acabamos de sair e cobre o rosto com uma almofada sem capa.

— Mais uma coisa — diz já debaixo da almofada —, se alguém bater, primeiro vocês me acordam, e depois abrem.

*

"Basta que você fale com as senhoras do depósito." Não tenho ilusões com essas senhoras, mas essa história de roupa de baixo começa a me intrigar. Tento abordar Sonia. Mostra-se compreensiva, concorda com a cabeça, penso que a coisa começa bem, quando — Deus sabe a propósito de quê, com que pretexto — ela foge do assunto. Agora só fala de seu tio, dentista, que rendeu a alma no dia da declaração de guerra. Uma sorte dos diabos. "Espere só, vou te pegar!" Mas a vejo, transfigurada, saindo em direção à porta, com um sorriso a um só tempo humilde e brilhante.

Visitantes ilustres. Um jovem oficial de braço com Liese —

sim, é ela, a vigilante de Jurec, em carne e osso. Misteriosamente, uma caixa de papelão aparece sob o balcão, da qual emerge um impermeável de tom pastel; erguida na ponta dos pés, Sonia a ajuda a prová-lo. Liese mantém seu jeito risonho (ou prende um ataque de riso), diverte-se em ser admirada, cumprimentando à direita e à esquerda, ora afável, ora majestosa. Faz todo mundo rir, a começar por seu amigo (ou noivo), e até Warszawski, esse homem *fundamente triste*. Até em meu rosto instala-se, sinto, não sem despeito, um sorriso circunstancial.

É a vez de Warszawski impressionar com suas fotos. Em todas Liese está perfeita: à paisana e de uniforme, com ou sem oficial; com um mimoso gato branco nos braços (dois pequenos traidores). Se eu tivesse uma objetiva no olho também poderia lhe oferecer uns instantâneos.

*

Raramente nossa saída de manhã se passa sem problemas. Temos de sair do barracão de madrugada, enquanto as outras, as "malditas", vão para a colina. Mas o depósito só é aberto depois das oito (a não ser que haja risco de controle). Acrescente-se a isso a vocação para o sono do *Kapo* do depósito! Acontece-nos esperar às vezes duas horas diante do "bazar", expostas a todo tipo de recriminações e vexações. A praga número um é, naturalmente, a anã. É a essa hora que ela faz seu passeio na *Lagerstrasse*, em volta das cozinhas e dos banheiros. Sabe perfeitamente o que está acontecendo com a gente, mas não suporta Konhauser e, toda manhã, finge estar surpresa:

— O que é que essas "joias" fazem aqui?

Com seu chicote, jamais deixa de "implicar" conosco — só para não perder a mão.

Mas hoje de manhã (deve ser a menopausa, pelo que dizem no depósito) teve uma ideia inédita: "Dispam-se", ordenou bem no meio da *Appelplatz*, diante do guarda e dos varredores, que morriam de rir, só para ver se nós escondíamos blusas debaixo de nossas roupas roubadas.

Konhauser deu as caras na hora em que ela se preparava para castigar Rozzi, a huno, que se negava a se despir (ela espera um bebê). Só vendo a cara das "bárbaras". (Não ouso imaginar o que teria acontecido se nosso chefe tivesse se esticado, nem que fosse um minuto a mais, no seu sofá.)

— Vistam-se de novo! — ele gritou.

Com nossos trapos na mão, olhávamos de soslaio para a anã, que parecia se divertir com nossa indecisão, assim como com a fúria de Konhauser, que teve de repetir a ordem.

Sem uma palavra, ela rodopiou o chicote e se afastou, ou melhor, se dissipou como um fantasma num filme de terror. Nosso salvador ficou tão cansado com o incidente que logo se retirou para uma pequena terapia de sono. Não mais o reveremos até a chamada da noite. Mas as mulheres estão fora de si. "*Die Hexe*",* murmura Vania, a apática, quase humanizada pelo ódio diante do espetáculo que, com as cabeças nuas e lívidas como desterradas, lhe oferecemos.

Nessa ocasião, ficamos sabendo de alguns detalhes sobre a ascensão da gnomo. No gueto, denunciou o plano de fuga de um grupo do qual fazia parte (plano que, aliás, ela mesma tramara). Sonia fazia parte do grupo, assim como Frau Ellis com seus dois filhos, Konhauser com a noiva e muitos outros. Alguns foram mortos, outros morreram nos vagões (os dois filhos de Frau Ellis e a noiva de Konhauser).

Quatro anos depois ele conseguiu criar esse depósito de que se tornou o *Kapo*. Foi ele que as fez escapar das "ações", como "judeus úteis". "Devemos tudo à sua energia." Parece que esse grande dorminhoco era, na época, um batalhador, e que nós, que o conhecemos há pouco, só vemos o que dele resta. "Restos"... é tudo o que se pode ver em Plaszow, e ainda assim temos de rezar para que isso dure.

(*) A bruxa.

Observo que a guerra não é eterna. Isso os faz debochar; a sorte deles não tem nada a ver com a guerra. Estão fartos de saber!

Se há alguém que vai se safar, é a senhora Potrez (a gnomo). Com o que conseguiu aqui, entre os arames farpados, pode comprar tudo — os russos, os americanos, Deus Nosso Senhor, assim como comprou o comandante — o que, na verdade, não é uma façanha, pois esse tonel de gordura é tão estúpido como malvado.

— Ela conseguirá, para ela tudo dá certo.

É um grito de desabafo de Sonia; furiosa, começa a andar pelo depósito. Mas, como de hábito, para em pleno ímpeto, senta e declara:

— Desculpe, não tenho mais paciência para sofrer.

*

O depósito é um lugar de passagem para as outras polacas, também chamadas de "restos". Faz as vezes de bar, delegacia, cassino; ali se trocam notícias, fofocas, pesadelos. De repente estou ali sozinha com Vania. Aproveito e, por desencargo de consciência, começo a zanzar junto com ela pelo depósito, para lá e para cá. Exponho-lhe brevemente aquilo de que não consegui convencer Sonia. Não consigo descobrir o que ela pensa sobre isso, não vejo seu rosto porque ela está sempre um passo à frente.

— Mas quantas vocês são lá nos barracões?
— Duas mil.

De repente, perco pé; parece um deboche. Mas recomeço, conscienciosamente: cada vida é uma vida, sem falar da cistite, da diarreia etc. Entretanto, com um gesto ela enxota minha "tirada", como se fosse um ruído importuno.

Por instantes me olha de alto a baixo como eu mesma devo ter olhado de alto a baixo a escultora quando me fez sua

proposta esdrúxula. Depois, dá de ombros. E desiste! Não, simplesmente prossegue seu passeio.
— E por que você não as distribui?
— Como?
(Será que está gozando da minha cara?)
— É muito simples — diz, enquanto passeia. — Você as reúne aqui e distribui a todas.
— Mas...
(Balbucio. Ela compreende.)
— Se quiser, virei ajudá-la depois do fechamento. Subitamente, não me sinto bem.
— Quando? — pergunto, levantando a voz (é impossível continuar a galopar num momento desses).
— Quando quiser. Hoje, por exemplo.
— É verdade? Não está brincando?
— Agora quer me deixar em paz? — diz, extenuada por ter falado tanto.
Finalmente chegamos a um acordo: será amanhã. No meio-tempo, avisarei à escultora para que escolha entre as mais maltrapilhas.
E se mobilizássemos todo o barracão e... meu Deus, tomara que essa criatura de sonho não esteja zombando da minha cara.

*

Ainda não apresentei Fredy. Como é possível? O verdadeiro, o autêntico Fredy ficou no liceu em companhia de mochos, esquilos e patos empalhados. Uma vez, antes da aula de anatomia, o vestimos da cabeça aos pés: capote, galochas e o chapéu do professor. Um gaiato se postou atrás dele. Quando o professor entrou, o esqueleto o cumprimentou com seu próprio chapéu. Resultado: ficamos presas na sala para escrever duzentas vezes: "Não vou mais caçoar do corpo humano".
Quem diria que eu reveria esse "corpo" antes do fim das

férias — embora em peças soltas — e que dessas peças eu "caçoaria" a ponto de andar em cima delas?

Nosso "encontro" de hoje foi, porém, fora do comum. Primeiro, eu não estava andando, mas jazia na areia atrás do depósito — sem coragem para entrar, não sabendo aonde ir, nem o que fazer de minha pessoa indesejável. Ainda não tinham me mandado embora mas o ar estava irrespirável. Sonia se esforçava para convencer o *Lagerkapo* a me mandar embora. Não valia mais a pena poupar minha blusa de lamê. Deitei-me, esperando a sombra, esperando que passassem as horas e que levassem minha náusea. Que me levassem. De repente me senti tocada, ou melhor, "empurrada" nas costas por um dedo pontudo. Ao me endireitar, vi na areia uma das mãos de Fredy, mão completa com todos os ossos impecavelmente conservados. Ele me fez um sinal! Em outros tempos, talvez eu tivesse gritado, mas na minha situação não se pode rejeitar nenhuma "paquera", por mais "ossuda" que seja.

"Vamos, dê a pata, Fredy! Como você é tranquilo e fresquinho. E não se mexe e não me bate e não joga pedras!"

(À guisa de gratidão, um dia o enterrarei.)

As mãos vivas! Centenas e centenas, esticadas para mim, ameaçadoras. "Por aqui, aqui, aqui! Dê-me esta camisa, ande!" Não sou Jesus Cristo, como pôr oitenta camisas em cinquenta mãos?

Vania, a ninfa, me passou as pilhas de roupa branca, umas após outras, com a impassibilidade de uma máquina bem rodada e lubrificada. Depois do último assalto, quando ficamos de mãos vazias diante das prateleiras vazias e as pedras começaram a chover, me refugiei dentro do depósito. Chamei Vania, mas ela ficou na soleira da porta, imóvel. A certa altura, achei que a ouvia rir, e disse a mim mesma que devia ser de nervoso. Mas as crises de nervos vêm depois. Sonia e Frau Ellis apareceram num estado fácil de imaginar. Não bateram em mim; Vania é que aguentou todo o rojão, com essa espécie de paciência serena que faz Sonia gritar, dizer que ela é louca de pedra, que todo mundo sabe disso e que elas todas acabarão em Auschwitz. Louca? Não acho! Desconfio que se divertiu regiamente, e que na verdade não passa de uma ninfa meio doidinha que relaxa como pode.

Estava escuro, felizmente, quando voltei para o barracão. Sophie e a escultora, minhas cúmplices, dormiam ou faziam de conta que dormiam. De repente, algo aconteceu, bem mais consternador que os socos, injúrias e Sonia juntos.

Senti em minha mão uma boca mole, úmida, febril: "Obrigada, querida, obrigada". Ergui-me como se ela tivesse me mordido. É "Madame". Santo Deus! Ela, que poderia ser minha mãe, e que distribuía gorjetas tão polpudas!

Ah, Fredy, para você também era tudo tão feio assim, quando ainda estava do lado de cá?

*

Tudo se cala dentro do barracão, no depósito, no campo. O rancor de Sonia parece se acalmar ou se congelar; ela vai e volta diante das prateleiras vazias e não diz uma palavra.

Aconteceu na chamada. A conta estava errada. Contaram-nos umas dez vezes. Esperamos minutos, horas? (Talvez no terror só haja séculos.) A gnomo batia pé montada em seus saltos altos; sozinha no meio da imensa praça, rebolava sem parar, como uma sineta fora de si.

Faltava uma.

Ela foi encontrada num dos barracões, dormindo no colchão.

Com as mãos cruzadas nas costas, a gnomo começou a rodar em volta da infeliz — que, mal despertou, aparvalhada, girou por sua vez em torno da outra. Finalmente a polaca parou, fez um sinal a Otto, um *Lagerkapo*. Nesse momento o silêncio pareceu total, como se milhares de pessoas parassem de respirar ao mesmo tempo, e compreendi que a moça estava perdida. Mas ela mesma não sabia. Olhava para a anã com uma espécie de confiança, como se dissesse: mas não é culpa minha, eu apenas dormia.

Conheci Otto na chamada, é alemão e, como *Schwerverbrecher*,* foi condenado a onze anos de prisão, antes da guerra. Um Golias de cabelo escovinha, gordo, tez escarlate, salpicado de pintas cor de farelo (até sua mão grande e gorda é salpicada de pintas). Fez um sinal para a moça, que se aproximou, e mandou-a esticar as mãos. Dócil, como na escola, ela obedeceu.

O chicote desceu duas vezes, ela gemeu mas continuou em pé.

— Dispa-se!

As mãos ensanguentadas tentaram desabotoar a camisa branca, mas não teve força. Otto arrancou-a com a mão. Tirou seu casaco de couro, colocou-o no chão depois de dobrá-lo com cuidado. Esse modo cuidadoso e afetado de preparar o assassinato me transtornou mais do que tudo o que se seguiu.

Felizmente ela desmaiou quase de imediato. Otto continuou a espancar até perder o fôlego. Suando em bicas, com a camisa grudada na pele; batia em algo que não era mais do que uma coisa. Tendo concluído o trabalho, foi por puro prazer que continuou. Ele gosta disso. Finalmente, a gnomo o interrompeu. Debruçada sobre o corpo, ela levantou a cabeça da moça com a ponta do salto. Otto enxugou a testa. E levaram embora aquela que deixou de ser um número. A chamada continuou.

*

Vivo! Escrevo... "Gozo", não como Otto, mas escolho minhas palavras, "formulo". Exerço um ofício de traidor e quanto mais vou ao fundo mais traio, mais tenho direito a esse nome: "escritora". Pouco importa se sou eu que traio, acima de tudo, mais que tudo! Neste exato momento estou prestes a me

(*) Assassino.

livrar de um terrível segredo; é como uma ferida que, quando se arranca a crosta, corre o risco de infectar. Quase imploro a mim mesma para me calar, pela minha paz, pela paz de Sophie. Na verdade, já é tarde demais... Sophie, de seu lado, guarda o silêncio; será que também estaria com medo? "Amizade", "minha amiga"; essas palavras que estragamos e que deveríamos poupar, proteger ou só proferir raramente, com solenidade!

Onde a brecha foi aberta? Se eu soubesse, teria tentado alguma coisa. Os desmoronamentos sem nome, sem razão. Quando a gente se reergue, a brecha não é mais uma brecha mas um fosso. E ficamos desamparados, na beira. Não sabemos como jogar uma ponte sobre aquele vazio. E será que desejamos?

A coisa começou talvez com o depósito. Sophie me encorajou: "Não, ficar se matando debaixo no sol ou nos encharcarmos juntas, isso não nos adiantaria nada! E sempre teremos uma hora para nós". Mas à noite, quando chego do depósito com a cabeça fervilhando de histórias, ouve-me lutando contra o sono, pois não são mais *nossas* histórias, e a história dela é o esgotamento, a fome, e ponto final. O que me faz lembrar do pão com manteiga que engoli às escondidas. Quando o silêncio entre duas criaturas começa a "cheirar" a sonsice? Em que momento começamos a tergiversar com a própria consciência, a escamoteá-la como uma armadilha?

Claro, esforço-me para depositar (tanto quanto possível) minhas oferendas no altar da amizade. "Esforço-me", isso aí não soa muito amical. E, de fato, não é com os melhores sentimentos que lhe reservo a metade dos pães com manteiga e do queijo que me passam no depósito. Ninguém tem ideia de como uma metade assim reservada pode ser apetitosa! Contemplo-a, absorta, às vezes a belisco um pouco e depois fecho a sacola, com o coração apertado. Rancor? Constrangimento? Ou os dois? Às vezes, se meu terrível apetite engole meus restos de consciência e, afundando na abjeção, devoro tudo o que guardei para ela, o remorso me pesa mais do que me pesava a fome. Portanto, não vale a pena. E por quê? Quem está na origem de todos esses aborrecimentos? É espantoso que eu esteja irritada com ela, seca, fechada? Mas, sejam quais forem meus humores, ela não reage, exausta demais ou prudente. O que me irrita ainda mais. Finalmente, me refaço e, sem transição, torno-me falante, afetuosa, o que a deixa tão inerte quanto meus outros excessos. Prevenida, "velha" como é, deve ter me desvendado há um tempão. Nossas relações são cada vez mais reservadas, tensas, quase falsas, inclusive nossos silêncios.

Afasto-me cada vez menos de minhas notas. Onde está a filosofia, ou nossos longos papos de antigamente? "Como seria triste se acabássemos falando apenas de nossa ração de pão!", ela me disse um dia. Tenho saudades desse dia, da Sophie de outrora. Queria recuperá-la. Mas, pensando bem, o que me impede? Ah, bobagens! Seu modo de virar quando lhe passo o pacote, envergonhada de seu apetite. Come escondido. Mas quando acha que peguei no sono, observo-a entre meus cílios: começa a comer, depois se joga sobre o pão, avidamente; para, em seguida, preocupada, tirá-lo dos lábios. E antes de morder de novo contempla longamente o traço de seus dentes no pão.

A piedade! Um tormento que me foi poupado na época em que arrastávamos nossas pás na colina! E os cheiros! Seu pescoço imundo, eu nunca tinha notado! Mas como criticá-la, eu que tomo uma ducha todo dia?

Os barulhos também não me exasperam mais. Agora meu sono é leve, estou com os nervos à flor da pele. Custo a compreender: por que irromper no barracão aos gritos, pisando nos pés umas das outras como selvagens, quando todo mundo acaba tendo sua ração de pão? É assim que Sophie também chega, com esse ar feroz. "Cadê o pão?" Há duas semanas, eu nem sequer notava isso, precipitei-me para minha cama com essa mesma expressão de um índio *sioux* no meio da guerra.

*

Chegada de um vagão de tamancos holandeses. Não surpreende que o comandante não tenha encontrado compradores em todo o Reich: são pesados para se arrastar, como trenós. Há algumas roupas misturadas entre eles; devem ter aparecido durante uma pilhagem rápida, ou estavam sujas o bastante para serem "deportadas" até nós. A transpiração de todo um comboio chegou junto. Esse cheiro do transporte! Reconheço-o por todo lado: o cheiro dos corpos sedentos, apertados, sujos. Sonia sentiu enjoo. Tudo isso foi transportado para o barracão de desinfecção. Decepcionadas, verificamos que se tratava principalmente de cuecas. O que não nos impediu de apropriarmo-nos delas (com a aprovação posterior de Konhauser), quatro peças por cabeça, melhor que nada. Passá-las a ferro, guardá-las, uma trabalheira! Que não deixou de virar escândalo por causa da huno grávida que teimava em passar roupa e resistia às outras hunos, berrando, xingando como de hábito, por "sentimento". De onde vem essa fúria de trabalhar, quando ela mal se aguenta em pé?

Não posso deixar de observá-la. Não sou a única. Sua insignificante pessoa é o centro de um conflito violento entre a tribo e as polacas do depósito. As hunos defendem suas posições com gestos, reforçados pela única palavra que sabem na língua de Goethe e de Adolf: "*Nein*". Nossos patrões (incluindo o fotógrafo) não param de cobrir a futura mãe de conselhos "ignóbeis"; até se encarregam de trazer uma especialista ao depósito, uma abortadeira que exerce no campo, há anos, sua *especialidade*.

— Que guardem sua abortadeira — murmuram as hunos.

— Aqui se matam bebês, eles são estrangulados ou recebem uma injeção... Será que vocês não entendem?

— Podem falar à vontade! Jamais acreditaremos que Deus Nosso Senhor permite isso.

Traduzo, e é só então que as polacas começam a soltar os cachorros, aos gritos: tudo o que Deus Nosso Senhor deixa acontecer na Terra, e em Plaszow em particular...

— Mas as criancinhas!
As hunos são intratáveis.
— Não, que ninguém toque na nossa Rozzi! Ela está esperando tanto por essa criança!
— O que acham que acontecerá com ela aqui?
— O mesmo que acontecerá conosco.
A mãe escuta toda essa zoeira, como se não fosse muito com ela. Mesmo assim, uma vez me cutuca com o cotovelo:
— Se fazem o que dizem com as crianças, com a mãe o que é que farão?
— Ela se torna um anjo também, imagino.
— Juntos?
— É.
Esperamos que isso a leve a refletir e, de fato, deve ter refletido porque, um instante depois, me diz:
— É melhor assim.
De tarde, são as primas que a atormentam, também sem sucesso.
— Deus Nosso Senhor não permitirá isso.
— Mas e se, mesmo assim...?
— É porque Ele não existe — diz —, e nesse caso, por que viver?
Alimentam-na durante o dia todo, mas ela não para de emagrecer. Até seu pobre ventre parece diminuir. É possível que o bebê por quem está disposta a morrer já esteja morto.

*

A notícia da chegada de "mercadorias" nos antecedeu no barracão. Quem nunca viu milagre tinha motivos para arregalar os olhos nessa noite: nossas vizinhas aprenderam a nos cumprimentar. Desde a porta um curioso quarteto se agarrava em mim, maltrapilho e resoluto; "Madame", minha insuportável vizinha, fazia parte dele. Fui coberta de cumprimentos; era como se eu atravessasse o barracão em cima de uma bandeja de mel. Me compararam a um plátano, a um cedro, a Diana Durbin, a Joana d'Arc; me senti como se derretesse de doçura e fui correndo para meu catre, enojada, desapareci debaixo do cobertor mas nem assim consegui me acalmar. Estou efervescente. A indignidade dessas velhas me exaspera.

Ouço "Madame" chorar; chora para ser ouvida, é claro. O que não quer dizer que não chore por uma boa razão.

— Meu marido era chefe de clínica — geme. — Eu era a mulher mais mimada de N. Acham que é fácil me rebaixar? Vocês estão vendo como me atrapalho! Jamais faria isso por mim mesma. Mas a menina é anêmica, sempre tememos por seus pulmões. Se a ouço tossir quando dorme, penso que não há nada vergonhoso que eu não faça em troca de uma ração de geleia ou manteiga.

— Acalme-se — digo, passando-lhe duas cuecas.

Eu ignorava que Sophie me observava. Fazia quanto tempo? Pela primeira vez a vejo furiosa; chora, grita, diz que não tenho consideração.

— Ora, ora — digo —, não faz mal, trarei outras para você...

Ela sossega na mesma hora, mas continua de pé atrás:

— Verdade? E quantas?

— Duas — também estou de pé atrás. — Mas o que fará com elas?

— Não te interessa — responde, com um jeito tão determinado que me intriga. — Você tem só que trazê-las! E pare de me observar assim! Não tenho nada de errado! Simplesmente resolvi roubar, matar. Quero comer uma vez, uma única vez para saciar minha fome, nem que tenha de ser enforcada!

*

Sophie e eu subimos até os "bairros chiques". É assim que nós, as tosquiadas, chamamos a pequena "cidade" elegante onde, dentro de barracões pintados, guarnecidos de trapos macios de todas as cores, as nativas têm seus ninhos.

Os "ninhos" ainda estavam abarrotados, um ano atrás, e a limpeza deles deixava a desejar. Mas foram ficando mais espaçosos e mais confortáveis depois de cada "ação". Montes de cobertores, de travesseiros, todo um enxoval esperava as sobreviventes em cima das camas. Não faz muito tempo, elas faziam seu testamento antes de cada chamada. Para evitar os mal-entendidos, cada uma marcava num pedaço de papel a quem legava seu travesseiro, seu cobertor, seus pertences de verão e de inverno, no caso de...

— Jamais sabíamos — conta Frau Ellis — quem voltaria da chamada. Os que eram "selecionados" para a "ação" deviam primeiro cavar o próprio túmulo e, depois de serem despojados e terem depositado tudo o que usavam (numa bela ordem: as roupas de um lado, a lingerie de outro), deviam se ajoelhar na beira do fosso e esperar as balas nas costas. Balas pelas quais os judeus "dirigentes" do campo tinham de pagar por causa dos alemães. Devido à economia de munições, volta e meia o trabalho era malfeito e gritos subiam dos fossos horas depois da execução. Durante as grandes "ações", a coisa ia muito depressa. Nem pensar em enterrar os corpos, contentavam-se em simplesmente cobri-los de areia, de modo que mais ninguém sabia se andava sobre esqueletos antigos ou recentes. Tudo acontecia tão rápido que nem havia tempo para vermos desaparecer nossa mãe ou irmã. Não éramos mais capazes de sofrer, de temer, nem de nos espantar. A morte só apavora os vivos. Ora, fazia muito tempo que já não éramos.

E no entanto... todas dividiam conscienciosamente seus travesseiros, cobertores, colheres, para evitar os "mal-entendidos". Essa meticulosidade diante da morte, que deixa de ser um "drama" para ser um incidente cotidiano, banal e sem cerimônia! E aqui estão essas bonecas metidas em penhoares herdados, entre cobertores e travesseiros herdados, fazendo seu jantarzinho, passando pó no nariz, desafiando a todo instante suas incríveis memórias; afinal de contas, dependia apenas de um fio que uma outra estivesse langorosa no lugar dessas, dentro do mesmo penhoar, debaixo do mesmo cobertor, passando queijo branco no pão e delineando com meticulosidade o contorno dos lábios.

— E eu — diz Sophie, que não tem a menor vontade de se deixar abalar por tudo isso —, é a uma outra que oferecerei essas cuecas!

Para minha triste surpresa, começa a oferecer a "mercadoria", em seu alemão tão ruim como o de Ruchi Falk:

— *Wäsche, reine Wäsche, bilige, reine Wäsche!**

Ela me pegou desprevenida. Não é Sonia que ali ri atrás de uma janela? Não, posso respirar...

— Está maluca? — sussurro-lhe, beliscando seu braço. — Não se faça de idiota, quem precisaria desses trapos?

Nem me responde. Como que habitada por uma vontade estranha, me arrasta atrás de si e me atormenta com sua voz à Falk:

— *Wäsche, reine, bilige Wäsche, bitte.*

Nas camas, ninguém se mexe. O que me deixa desesperada parece fazer parte da rotina aqui. Finalmente, uma linda mão branca e distraída se estende:

— Deixe eu ver.

Sophie fica pálida e lhe entrega uma cueca. Ela a rejeita. Fico aliviada. Sophie insiste, fixa a jovem mulher humilde mas inflexível. Finalmente a polonesa perde a paciência e oferece um preço ridículo para se livrar dela.

Mantenho-me afastada, só para deixar claro que não tenho nada a ver com aquilo. Sophie está despejando um mar de palavras febris. Volto a ter raiva, estou prestes a intervir quando observo, perplexa, que a polonesa lhe responde. Sim, parece que há um diálogo. Negociam. Minha raiva míngua.

— Um quarto — diz a jovem mulher.

(*) Roupa, roupa limpa, roupa limpa, barata!

— Metade — responde Sophie.
Tenho vontade de intervir: "Não insista, imbecil!". Mas Sophie me faz um sinal para calar o bico. Segundo ela, a impaciência é inimiga de qualquer transação; prossegue a discussão com a mesma estarrecedora tenacidade.

Quando afinal voltamos com um meio pão lambuzado de uma grossa camada de queijo branco, está demasiado tonta para se alegrar.

— É engraçado — observo —, com toda certeza ela não precisava de uma cueca!

— É o truque — me ensina Sophie, a "especialista". — Livrar-se de uma mercadoria da qual ninguém precisa, por um preço que você mesma considera escandaloso.

Observo que é que nem pedir esmola, e azar!

— O pão está fresco — ela responde —, mas não se deve beliscá-lo assim.

Não toquei nele, é ela que belisca sem parar com seus dedos sujos. Estará fazendo isso num estado inconsciente, enquanto fala em solilóquio?

— Anote bem isso: se, nos primeiros minutos, alguém lhe oferece mais da metade de uma fatia, isso quer dizer que depois de meia hora o negócio estará fechado.

Finalmente ela acaba percebendo os "estragos" que fez no pão, e se desculpa por isso.

— Não faz mal — digo. — Mas me conte, de onde tira essa prática nos negócios?

Ela dá de ombros.

— De onde?... Da vida...

A vida! Raramente fala dela. Na verdade, eu não sabia muita coisa do que era sua vida quando não estávamos na sala de aula. Lembro-me, porém, que dava aulas particulares. Não aceitava nada dos pais e tinha orgulho disso. Alugava uma cama. Sua senhoria desatarrachava a lâmpada elétrica à noite quando ela ia dormir (o que nunca acontecia depois das oito horas). Sophie trabalhava sob o clarão de uma lamparina de querosene, e na escola fedia tanto a querosene que, sentada ao lado dela, eu também fedia.

— O que quer que eu faça? — dizia desconsolada. — Isso entranha nas minhas roupas.

Um dia, fui buscá-la na casa de uma de suas alunas, e ouvi na entrada a camareira dar-lhe uma bronca:

— Você vai de novo me estragar o soalho com suas malditas botas! Tem que calçar galochas quando se frequenta casas burguesas, minha filha!

— Como permite que essa ordinária fale assim com você? — perguntei, indignada.

Ela deu de ombros.

— Você não entende, nunca trabalhou em casas burguesas.

P. S.: Um encontro inesperado que eu quase esqueci. Ao voltarmos, avistamos nossas duas distintas colegas, Alice e Magda, no meio de um grupo: ofereciam cuecas. Quase as cumprimentei, mas Sophie me segurou.

— Venha — disse —, elas não ficariam contentes de nos ver.

— Acredito!

*

"Eles" estão chegando! É assim que Ruchi Falk nos recebe: é melhor não se despir, "eles" podem dar as caras a qualquer momento depois da meia-noite e não teríamos tempo de pôr nossos trapos.

Ficamos apáticas diante dessas "profecias". Todo mundo se prepara para a noite.

De dia, eu sei: eles estão por perto. Mas à noite meu otimismo me abandona; me encolho. A noite é alemã, e quem sou eu diante da noite? E por que seria eu que escaparia? Não temos nem sequer a esperança de um condenado: o recurso de ser agraciado. Não somos culpados, apenas "nocivos". As balas são um desperdício; se fosse possível, nos liquidariam com *Flytox*, como moscas. Estou louca para sentir uma dor física aguda, uma dor que anule todo o resto, que me faça berrar. Pelo sim, pelo não, começo a gemer. Sophie não se mexe e a escultora tampouco. No entanto, é impossível que não tenham me ouvido, essas falsas amigas. Sabem tudo o que sei e ainda assim ficam dormitando, ou fazendo de conta.

Abruptamente, pergunto em voz alta:

— Estão dormindo?

Sophie não se mexe, mas um grunhido surdo responde à minha esquerda.

— O que é que há?

— Nada — fico sentada. — Eles vão nos entregar aos russos? O que acha?

— Certamente.

— Não, sabemos demais.

De onde essa necessidade irreprimível de lhe passar minhas angústias? Mas escolhi mal minha vítima. Ela defende seu sono.

— Tente dormir — diz-me sorrateiramente.

— Com esses pensamentos?

— Não pense neles!

— Pare de se enganar, talvez seja questão de horas. Somos quase cadáveres.

Furiosa, ela puxa o cobertor para a cabeça.

— Você vai mesmo dormir? Como você pode fazer isso?

— Como você mesma também pode — diz a voz debaixo do cobertor, acrescentando: — Palavra de honra, se eu não estivesse com tanto sono ficaria acordada só para sacudi-la a cada meia hora.

Como se ela não soubesse que eu sofro de insônia crônica. Não tenho nervos de aço e preocupações planetárias! O destino de minha insignificante pessoa me atormenta sem parar. Não espero mais ajuda. Deixo-me cair sobre o enxergão, sabendo que até de manhã estarei às voltas com esse suplício.

Portanto, estou acordada. No entanto, me acordam; pelo menos alguém ou alguma coisa me faz dar um pulo. Primeiro, é a cama que parece balançar, depois todo o edifício. "Bombardeio": esse é meu primeiro pensamento ao despertar de meu estado de vigília.

— Ai... ai... ai...!

É bem pertinho de mim: um lamento prolongado, interrompido por gritos de agonia dados por uma criatura que está no limite; alguém a ponto de morrer, ou várias?

Não me atrevo a abrir os olhos. Mas nada realmente visível é comparável às minhas visões. É o fim... Mas não — merda!

São as Falk que rezam, voltadas para o leste. Ajoelhadas na cama, inclinam-se sem parar para a frente, e batem a cabeça contra as tábuas. As três fazem isso simultaneamente, incansavelmente. (Não espanta que gritem mais alto depois de cada abalo; a longo prazo essa ginástica deve cansar até um crânio de Falk.)

"Bum, bum, ai... ai." Esse é o ritmo do estranho coro. Nas camas, todas estão em alerta, tontas de sono.

Protestam, berram por todo lado.

— Parem, o santo Deus não é surdo.

— Ai... — Como tomadas por uma santa fúria, dão gritos que se tornam intoleráveis.

— Parem, droga!

Quase teria vontade de me jogar em cima delas, mas, afinal de contas, é um espetáculo a não se perder: Ruchi de joelhos, os braços para o alto, tagarelando com o Senhor — parece um exorcista em transe. As lamentações não param, os "bum" também não; fingem que não veem e não ouvem nada. Mas nos veem e nos ouvem perfeitamente. O "êxtase" delas não engana ninguém e com toda certeza não engana O Altíssimo, superiormente esperto (contanto que Ele esteja no Seu lugar!).

— Acha que basta bater a cabeça na madeira para que Ele feche os olhos para as imundas tramoias de vocês?

Ruchi se joga em cima de mim. Arranha-me com o mesmo desvelo que empregava ao se fazer de amiguinha de Deus!

— Olha quem está falando isso, putinha, *goy*, piranha!

— Eu, pelo menos, não bato com a cabeça nas tábuas.

Do que se segue, não tenho lembranças muito claras. Sei apenas que nos beliscamos muito e cuspimos no rosto uma da outra. Depois, só vejo uma espécie de novelo no qual eu rolo junto com muitas outras; ora são meus joelhos que enfio numa massa estranha, ora são as outras que pisam em cima da minha barriga. Quando, à força ou por cansaço, a gente se separa, sinto-me invadida por um delicioso torpor. Infelizmente, já é de manhã.

No depósito, causamos muita impressão com nossas caras inchadas, cobertas de manchas roxas e tudo...

— O que aconteceu?

— Bombardeio! — diz Suri me piscando o olho, amical.

*

Distribuição de botinas. A fila de sempre defronte do depósito. É depois de um verdadeiro corpo a corpo, amarrotada, com o turbante de banda, que afinal me apresento diante de Konhauser (no depósito "cristão"). Por sorte, dessa vez ele não dormia e me ouviu bater. É claro que posso ficar e trabalhar, até de noite se me der na telha.

Está fresco lá dentro. O silêncio é um presente. Será que ele espera que eu comece a trabalhar logo? Seu olhar fixo em mim, mais constrangedor que todo um barracão em desordem. Tenho de habituar-me com essa presença, distanciar-me dela! É tudo o que tenho em mente. Sua pergunta chega como uma salvação. Bater papo! Prefiro isso, de longe.

ELE — O que você escreve exatamente?

EU — Tudo e nada.

ELE — Por exemplo?

EU — O que me passa pela cabeça. Você, por exemplo.

ELE — É verdade? E o que diz de mim?

EU — Que dorme o tempo todo.

ELE — Nesses últimos dias tenho sofrido de insônia. A

muito custo chego até as onze horas (suspiro). E o que queria que eu fizesse? Deveria manter um diário?

EU — Por que não?

ELE — Você me acha inteligente?

Concordo com a cabeça.

ELE — De fato eu sou, bastante para saber que não tenho nada a acrescentar ao que já foi dito.

EU — E se fosse simplesmente preguiçoso?

ELE — Talvez seja a sina dos medíocres.

EU — Ou a desculpa dos vagabundos. Quem lhe diz que essa sua imagem de si mesmo é certa?

ELE — Vou te contar um grande segredo (inclina-se para mim e diz baixinho): todo ser humano possui uma imagem correta de si mesmo. Não o dia inteiro, mas pelo menos dois minutos por dia. Durante esses dois minutos, a conta dá certo: você sabe quem é e o que vale! É por esses dois minutos de lucidez que a gente luta, que a gente se esforça durante o dia todo.

EU — E durante esses dois minutos, quem é você?

ELE — Um rapaz muito bonzinho e nada bobo que sabe martelar num teclado, leu *Zaratustra* etc. Mas se há quarenta e dois anos seus pobres pais tivessem lido jornal em vez de gerá-lo, isso não teria criado um vazio em lugar nenhum, e nenhum lugar vago, o lugar de Ludwig Konhauser.

EU — E se os pais de Ludwig van Beethoven tivessem feito a mesma coisa, acha que teria havido alguém para sentir um grande vazio, chorar, e assim por diante?

ELE — Realmente, você não é boba.

EU — Não! E me parece que, desaparecendo, eu sentiria uma terrível falta de mim.

Rimos.

— No entanto — acrescentei —, conheci momentos em que desaparecer sem dor para sempre era meu único desejo.

Ele pergunta se foi o momento em que fui separada dos meus. Digo que não. Fui presa sozinha num trem; estava no gueto (na verdade era uma fábrica de tijolos) com estrangeiros. Fugi várias vezes. Pegaram-me. De tudo isso só me lembro vagamente. O único momento que creio nunca poder esquecer é aquele, depois de minha última fuga, em que parei de querer escapulir, de querer qualquer coisa, e que também foi um momento de grande alívio e paz. O instante justamente em que, na fábrica de tijolos, avistei a terra cheia de gente e pensei: "Para onde eles forem eu irei, o que acontecer com eles vai acontecer comigo". Talvez seja por causa desse grande cansaço que não me lembro dos vagões, de nada até o *Waschraum*, como se estivesse de folga de mim mesma, anestesiada.

Tudo isso ele conhece. É a história de todo mundo — mais ou menos. Por ora, o que o interessa é como me vejo durante os dois minutos em questão.

Digo que há minutos em que me sinto completamente no mundo da lua, tão ridícula que eu poderia morrer.

— E por quê?

— Porque durante todo o resto do tempo tenho vontade de comer o mundo...

Observa-me de alto a baixo sem uma palavra, e me apresso em acrescentar que talvez seja apenas a juventude, que é a idade "exagerada"... Segundo ele, não é questão de idade mas de apetite. Sou alguém que deve ser invejada ou de quem se deve ter pena? Ele não consegue se decidir. E acrescenta com seu sorriso aberto e malicioso de sempre:

— Mas se você fosse um cavalo de corrida, eu apostaria em você.

Não me lembro mais o que respondi, porque eu estava tão deslumbrada que era como se ele tivesse colado o sol na minha testa.

*

Difícil sondar o silêncio: jubilação secreta ou pânico contido? Como se eu esperasse em algum lugar no vazio, e que o dia e a noite despencassem em cima de mim na mesma velocidade, sem que nenhum sinal deixasse adivinhar qual dos dois chegará primeiro.

Ou ainda será o compromisso, alguma coisa de provisório, de disforme.

Vou vegetar, que seja. Respirar mais um dia, uma página a mais!

*

— Faz muita questão de manter seu diário?
A pergunta me deixa gelada. (Será que Konhauser receia uma perquirição?) Devo ter empalidecido.

— Ninguém quer tirar seu diário de você, ora essa.

Um dia eu lhe disse que me alegraria saber que o diário estava fora do campo, em segurança. Uma ocasião se apresenta. Alguém sai do campo hoje, alguém que ele conhece e que com toda certeza não será importunado na saída. Se lhe der o endereço de uma de minhas relações cristãs, essa pessoa fará o impossível para lhe entregar o diário.

— Onde? — perguntei bobamente. — Se ele o perder...
Irrito-o, mas ele prossegue, seco:

— Não há garantias, é a guerra, há apenas chances. Amanhã nós dois talvez estaremos passeando por Cracóvia.

— Então, por que me separar do diário?
Ele fica sombrio:

— Porque há uma outra possibilidade.

Tenho apenas uns minutos para refletir. É melhor assim; minha indecisão será a mesma daqui a uma hora ou a dez. Agora só tenho uma única preocupação: me lembrar do nome da nossa zeladora, na rua Stanislo: Sebök ou Sebes? Como se tudo se resumisse a esse endereço. Assim que o endereço me volta, escrevo-o na capa em grandes letras redondas. Ele já preparou um curativo para a minha "ferida": duas cadernetas em pequeno formato.

— Terá de aprender a escrever em letrinhas apertadas — sugere —, é preferível.

Faço a limpeza se arrastar para ver com meus próprios olhos o feliz mortal que, daqui a algumas horas, vai passear pelas ruas, pegar o trem por livre vontade e levar meu "testemunho", como o chama a escultora.

Só pode ser um alemão que cumpriu sua pena. Penso num "político leve", como o desenhista que partiu há uns dias. Há também os prisioneiros com "direitos comuns", como Otto, que sai hoje.

Cabe-me a honra de lhe levar roupa limpa de nosso depósito. Sonia e Frau Ellis zanzaram um tempão entre as prateleiras até se decidirem por uma camisa xadrez vermelha e uma cueca grande o bastante para conter a bunda de um elefante. Quando apareço, com essas duas peças encantadoras debaixo do braço, Otto está provando seu antigo casaco.

— Não — diz entristecido, tirando-o. — Engordei muito, não cabe mais em mim, e além disso está surrado.

— Sim — opina Konhauser, com seriedade —, um durão deve ser respeitado.

Passando-lhe outro casaco, me dá uma olhadela divertida sem que o outro veja.

O *golem** suspira.

— A quem você diz isso?

Parece arrasado ao experimentar paletós sempre muito justos, e se lamenta; tinha seus hábitos no campo, comer, beber a se fartar e muitas mulheres para contar!

— Lá fora isso também não falta, graças à guerra — consola-o Konhauser.

Mas a guerra não entusiasma Otto. Que fazer lá fora, num mundo de ponta-cabeça, com uma profissão tão precária co-

---

(*) Na tradição judaica da Europa Oriental, um ser artificial de forma humana, dotado de vida momentaneamente quando lhe fixam na testa um versículo bíblico. (N. T.)

mo a sua? Vão metê-lo numa fábrica de munições. Dê duro, Otto, empurre os grandes caixotes! E não é o pior, pois pelo que dizem estão esvaziando as prisões, todos para o front! Bum, bum! Acabou-se o Otto... *Kaput*!

Engraçado ver esse carrasco repisar suas pequenas desgraças, o medo mesquinho na sua cara desaforada e obtusa! E Konhauser, que parece partilhar suas preocupações como se fosse um irmão.

— Você tem sorte — suspira o gângster —, vai ter uma vida mansa até o fim da guerra! *Ein nettes Leben, ein ruhiges Leben.**

— Seus olhinhos porcinos estão úmidos de emoção. — *Ich bin kein Antisemit; du bist mein Freund.***

— *Ja!* — admite Konhauser. — *So ist es im Leben, man muss scheiden.****

O gigante chora aos prantos.

— *Aber wir bleiben Freunde, nicht wahr?*****

Vai beijá-lo, penso, horrorizada. Mas contenta-se em pegá-lo pelo braço e arrastá-lo até a saída.

Por que Konhauser pegou meu caderno em cima da mesa? Não, é aberrante demais para que eu me aflija. O que conspiram na soleira da porta? Por que falam tão baixo? E se eu desse um pulo? Mas deveria pular numa cadeira de rodas, pois minhas pernas parecem feitas de algodão.

— *Ein naiver Kerl, dieser Otto* — diz meu amigo ao voltar —, *der Arme fürchtet, er wäre der einzige Verbrecher im Reich.******

— Onde está meu caderno?

— Dentro da sacola dele, suponho.

Minha pergunta parece contrariá-lo.

— É um assassino... um bruto...

(*) Uma vida agradável, uma vida calma.
(**) Não sou antissemita, sou seu amigo.
(***) É a vida, devemos nos separar.
(****) Mas continuamos amigos, não é?
(*****) Um cara ingênuo, esse Otto. O pobre teme ser o único criminoso do Reich.

É tudo o que consigo articular.

— O que não o impedirá de ler um endereço. Esse bruto me salvou duas vezes do *Sonderkommando*. Você, que escreve, deveria ter ideia disso: a perfeição não existe! Nem entre os brutos nem entre os santos! Conheço uns caras abomináveis que se deixariam cortar em quatro por um amigo!

— Quero meu caderno!

Jogo-me sobre o colchão mas, não conseguindo chorar, me enraiveço a seco.

Depois de me examinar em silêncio, ele se dirige para a mesa, enche um copo de água e o esvazia no meu rosto.

Levanto-me, apavorada.

Não é muito tarde, diz. Se eu quiser, ele pegará Otto e trará meu caderno.* Espera, observando-me sem amenidade. Não me mexo, não desejo nada, senão desaparecer, me desintegrar ali mesmo...

Hoje de manhã, ele só chamou Alice e Magda para fazer a faxina.

*

Alertas aéreos com curtos intervalos; os Fritz parecem nervosos! Isso se traduz por um espírito jubiloso no campo. Sonia e Warszawski, velhos inimigos, se beijaram hoje no depósito. Rozzi, completamente prostrada há alguns dias, às vezes nos olha com uma vivacidade de um cachorro que acredita ouvir os passos do dono na escada. Será que as Cassandras do depósito esqueceram suas "profecias"?

Hoje é desses dias bons. Temos direito a dois pães inteiros com uma montanha de queijo branco. Não toquei no meu. À noite, festa no colchão — Sophie, eu, a escultora e Madame com sua filha lamurienta. Madame está abruptamente enve-

---

(*) Foi esse caderno que Otto fez chegar à nossa zeladora: o essencial deste diário.

lhecida e inquietantemente franca. Já não menciona sua porcelana Rosenthal, seus móveis assinados, seu marido, o chefe da clínica — nem mais uma palavra a esse respeito. Em compensação, a chorona parece prosperar; descobriu até mesmo um polonês de certa idade, um "homem galante". Está com o turbante, como todas as carecas que se respeitam, e nos declara solenemente:

— Acabado tudo isso, tomarei um banho.

Sophie devora, muda e aplicada. Às vezes, quando alguém se dirige a ela, parece consternada como uma praticante interrompida em plena devoção.

*

Solidão. Os russos a dois passos, parece.

Diante de uma grande alegria, ficamos quase tão desarmadas como diante de uma grande desgraça.

Hoje Konhauser pediu especificamente a Alice e Magda que fizessem a limpeza.

Está claro, não quer mais saber de mim.

Uma afronta que temo levar comigo para a liberdade.

*

Um pesadelo contra o qual me debato o dia todo: procuro mamãe. Chorando, rodeio uma casa fechada. Bato numa porta de ferro, alta e ameaçadora. Mulheres misteriosas (só mulheres) entram e saem. Afastam-me, me dão explicações estranhas, ambíguas, que só fazem aumentar meu mal-estar. "Sua mãe está lá dentro, cuidamos dela". Ou: "Fique tranquila... breve você a verá". "Quando? O que fazem com ela?" Grito e abro passagem, afasto alguém, talvez várias pessoas. Mexendo os punhos e cotovelos, chego à escada; ali, finalmente me soltam, mas agora meu medo é pavor, enquanto me precipito pelos degraus. As portas estão escancaradas; atravesso vários cômodos correndo e encontro mamãe no último. É quase um esqueleto, a pele que o cobre está azulada, azul o rosto descarnado, irreconhecível, e os dois globos vítreos de seus olhos estão afundados em órbitas abissais. A mulher que a segura nos braços é aquela que, há pouco, queria me impedir de subir. Segura-a de modo que seus membros esticados e sua graciosa cabeça se inclinam, seus longos cabelos desbotados e murchos quase tocam o chão. "Mataram-na", penso. Mas não tenho o direito de acusá-las, pois essas mulheres são numerosas e não tenho provas.

Desde então, estou obcecada pela casa misteriosa, procurando um jeito de chegar lá e agarrar as mulheres criminosas, como se não fosse um sonho mas uma advertência, uma mensagem sinistra.

Nunca mais reverei minha mãe. Não "sinto" isso; *eu sei*, com uma funesta certeza, como a morte, como a sucessão das estações. Não espero mais. Estou de luto, um luto calmo e crônico. Às vezes me flagro tentando costurar minha chaga, me familiarizar com o irreparável, como uma órfã consumada.

Como? De onde sei isso? Ora, todos esses troços insondáveis, inacessíveis, todos os meus labirintos onde me perco às vezes sem querer, mas sem ter deles uma imagem nítida, nada de coerente. Talvez seja uma sorte ignorar o abismo por cima do qual passamos.

Sei que bastaria parar um só instante para ser tragada. Não paro. Ondas altas levam os destroços do que foi minha infância. E eu, sozinha, encalhada na praia, olho-os se afastarem. Às vezes é meu quarto que emerge, meu sofá coberto por uma capa azul de bolinhas brancas, o pé de uma tábua decorada de bonequinhos, árvores e outros rabiscos, da época em que eu ainda não chegava na altura da gaveta, e a grande pasta com o mata-borrão sobre o qual eu pratiquei a minha assinatura centenas de vezes: aqui uma assinatura de estrela, ali uma letrinha de trabalhadora comportada; a letra de alguém a respeito de quem, no auge da glória, os amigos dizem:

"Apesar de tudo ela continuou a ser tão simples...". Meu sofá de molas estragadas, os buracos formados por meu corpo, as flores da tapeçaria. Eu passava horas ali, "vagabundando" por aquele mundo de pétalas: havia umas orgulhosas, e também pétalas humildes, belas pétalas saudáveis, e proletárias amargas, rodopiando infinitamente, agarradas umas nas outras, ou tranquilas, solitárias, me fazendo sinais enigmáticos com seus caules...

Nunca mais reverei essa tapeçaria, esse cômodo. Nunca mais devanearei no meu querido sofá afundado.

*

Volto da desinfecção com um grande embrulho de roupa (as outras do depósito continuam lá). Encontro Jurec sentado no balcão, balançando as pernas compridas que emergem nuas de sua bermuda.

Estamos sozinhos. Minha esperança é o fotógrafo. Quando eu saí, ele ainda estava trabalhando dentro do quarto escuro. Ouço a voz arrastada, fanhosa de Jurec.

— Dê-me uma camisa, mas alguma coisa legal.

— Espere que as mulheres voltem — digo, ou melhor, diz por meus lábios uma espécie de autômato.

— Você não é uma mulher? — ele diz me dando um olhar sonolento entre suas pálpebras.

Nada encontro para responder. Faço de conta que não ouvi; sem pressa, dirijo-me à porta para que ele não note que estou temerosa. Ele não pula do balcão, espera que eu chegue ao seu alcance, cruza as pernas ao redor de minha cintura. Não tenho tempo de me soltar nem de berrar, devo me concentrar na minha respiração como se estivesse em perigo de me afogar. Tenho que afastar essa densidade, esse calor! Uma pulsação violenta (não sei se emana de meu peito ou de um peito estranho colado ao meu); empurro esse outro peito. Ele me solta de modo muito abrupto. Será que escorreguei? Não me lembro de ter batido em alguma coisa, pois, bem antes, tudo escureceu.

Quando volto a mim, estou deitada sobre o balcão. Warszawski está ali e conversa em iídiche com Jurec, que continua instalado em cima do balcão. Sua entonação é cantada, parecida com a de Ruchi Falk. Vejo pela primeira vez, bem de pertinho, aquele perfil malbarbeado, os olhos com olheiras; visto de baixo, parece um velho judeu sonolento.

Falam de mim. Jurec diz que eu devia ser uma "metida", que os meninos deviam me paquerar com chocolates... que não é normal perder os sentidos quando ele estava apenas brincando.

Abro os olhos, me apoio sobre os cotovelos. Pergunto-lhe o que fazia antigamente, se estava no liceu. Faço-lhe perguntas, como a qualquer garoto. Foi aprendiz de oculista e não vê o que acho de cômico nisso. Também não sei, devo estar com o riso solto.

Depois, o fotógrafo vai cuidar do chá, e Jurec me garante que não queria me fazer mal, muito pelo contrário. Acrescenta que se, daqui a pouco, nos encontrarmos no "outro bordo", não devo contar com ele. Será muito tarde para passarmos um bom momento.

Essa "brincadeira" diverte os dois.

— É pouco provável que a gente volte a se ver — digo.

— Por quê?

Pego seu chicote e faço-o estalar no ar.

— Por isso. Lá fora, a gente queima os carrascos, assim como os porcos.

Ele faz careta.

— Você não passa de uma chata — diz —, nunca matei... Sim, uma vez — corrige-se com ar sombrio.

— Quem?

Ele dá de ombros, tira o chicote de minhas mãos, toca a testa com dois dedos, à guisa de cumprimento, e se safa, com seu andar balançado.

Nem é preciso perguntar nada a Warszawski, ele é um velho fofoqueiro:

"Jurec matou a própria irmã, a pedido dela. Queriam levá-la para o front, para um bordel de soldados. Ele deve a vida a um milagre, como quase todo mundo. Tinha quinze anos. Enfileiraram cinco rapazes da mesma altura, uns atrás dos outros, de modo que formassem uma linha exata. Era assim que o comandante se exercitava no tiro. A façanha consistia em furar os cinco corações com uma mesma bala, o que na época era um esporte muito na moda. Mas esse garoto não tinha vontade de ser furado. Saiu da fila e se plantou diante do comandante:

— Senhor, sou jovem, quero viver.

A resposta foi um tabefe que derrubaria um boi. Mas Jurec não se mexeu, olhou bem de frente para o 'atirador de elite'.

— Esse vagabundo é realmente de ferro — o outro observou.

Transpassou os corações restantes com brio e empregou Jurec como moço de estrebaria."

— Esse pobre menino — suspira o fotógrafo —, o que viu do mundo? O gueto, o campo e as "ações". O comandante é seu segundo pai e a gnomo é sua mãe adotiva. Que esperar de pais assim? Nunca foi ao cinema, imagine!

O sonho de sua vida é ser operador de sala de cinema. Se um dia Deus lhe permitir voltar para casa, ele tentará.

Só o escuto com um ouvido. Uma outra história trota em minha cabeça:

"Era uma vez um aprendiz de oculista... e o mataram." É essa toda a história.

*

A segunda noite que os tiros não param: estão liquidando os "políticos".

Recolheram-nos na cidade. Desde ontem estão debaixo de nossas janelas, com o rosto virado para o muro. Imóveis, esperam a bala nas costas. Por que não se dispersar, ou atacar a guarda? O que têm a perder? Por que a espera? Por que acrescentar a humilhação à morte? Jogar o jogo dos "cães"? Usurários: com cada bala compram mil agonias lentas e lúcidas. E é isso que me enfurece! Não têm mil corações nem mil gargantas; os carrascos terão uma só agonia!

Ninguém ronca no barracão; não sou a única a espiar a respiração dos lá de fora. Nenhum rumor. E subitamente sinto minha garganta seca.

"Estão com sede..." Pego nosso cantil de água, pulo da cama, corro até a janela e abro-a com precaução:

— *Wollen sie Wasser?** — pergunto bem baixinho.

Na escuridão, não consigo distinguir as feições, só o gesto negativo de uma cabeça que se ergue para a janela. Preciso fechá-la imediatamente, será que não sei que é proibido aproximar-se deles? Sim, eu sei! Mas estou pouco ligando, de fato, pouco ligando; no espaço de um segundo, eis-me livre, quase eufórica. Fico em pé na moldura da janela. Se quiserem atirar, é o momento! Mas nada se mexe e volto para meu colchão quase decepcionada.

Mal me instalei, a coisa recomeça, as camas tremem junto conosco, como se metralhassem o barracão. Tremo como todo mundo, mal consigo me tranquilizar: estou viva. Nenhum gemido, nenhum murmúrio. Nada além das rajadas e do encantamento de todos os que ainda respiram.

Quando, de manhãzinha, ouvimos um grito de verdade, isso nos anima, e saímos em disparada para as janelas.

Um corpo quase nu jaz diante do barracão. Uma mulher ss passa de bicicleta por cima dele. O corpo se mexe. Num dado momento, a cabeça ensanguentada se levanta, mas o jovem guarda que está ao lado a chuta com a bota para que sua vivaz

(*) Querem água?

colega possa continuar a brincadeira. Quando passa diante de nós, olho para ela atentamente; é muito moça, suas faces estão em fogo, e ela matraqueia, histérica.

A bicicleta... Essa larga boca de adolescente com seus grandes dentes chatos, esse matraquear contínuo... Temo que eles não parem de rodar na minha cabeça, enquanto eu tiver cabeça.

*

O nome terrível volta cada vez com mais frequência: Auschwitz.

Os rostos exangues na chamada. Uma diretriz substitui outra, uma nova expulsa a anterior.

Murmura-se que os vagões estão prontos.

Murmura-se que não terão mais tempo de cuidar de nós, ou que, ao contrário, para isso sempre terão tempo, que a senhora Potrez, a gnomo, foi liquidada... Sabia demais. O comandante evacua sua mansão. O galante é precedido por sua cúmplice. Portanto, não é tão "obtuso" assim. Segundo o fotógrafo, são apenas fofocas, pois ele não se teria privado, e por nada no mundo, do espetáculo: que belo enforcamento teria sido!

Konhauser, com um humor de cão, exige imperiosamente que eu queime minhas cadernetas.

— Já queimei.

Minto sem pestanejar.

O "conselho das três" se reúne no meu colchão e, embora fossem duas contra uma, a escultora acaba arrancando minhas duas cadernetas (Sophie e eu somos de opinião de que devemos enterrá-las em Plaszow). O debate se prolonga até de manhãzinha. Depois, exausta de tanta resistência, e no fundo pouco sincera, entrego-lhe minhas duas cadernetas e todos os riscos.

Jamais teria compreendido sua insistência sem minha

aventura da noite passada: "escolher" nesse matadouro, se diferenciar, dar um sentido à morte.

Pouco importa!

Por que as pessoas se importam com suas lápides?

Por que retomei mais uma vez minhas cadernetas?

*

Auschwitz. Toda palavra se compõe de letras. Gramática.

Nessa imensa cripta, mais uma vez somos numerosas demais. Amontoamo-nos, dez ou mais num espaço que em Plaszow éramos três a ocupar, Sophie, a escultora e eu.

Sophie está viva. Tenho a impressão de que a vi descendo do vagão. Sua silhueta curta emergiu uma vez da multidão. Cansada demais para procurá-la.

O "conselho das três"... não vamos mais reuni-lo. O membro principal desertou. Deu no pé, essa malvada, na última hora, ela que se gabava tanto de sua força camponesa! Durante três dias abrigou-me como a um bebê. Com seus braços ossudos, fazia uma muralha ao meu redor, protegia-me contra a avalanche dos outros corpos. Com uma teimosia exasperadora, reanimava-me toda vez que eu ia abandonar a extenuante luta por ar, e me levava de volta ao calor fétido. Uma vez em que quase perdi os sentidos, ela abriu caminho, empurrou os corpos mortos ou vivos e conseguiu me arrastar até a parede do vagão para me fazer respirar pelas frestas.

— Respire — mandou, empurrando minha cara para junto de uma fresta.

Alguém se aliviou em cima de mim. Comecei a berrar. Ela me chamou à ordem. É um suicídio, não se deve desperdiçar as forças; ela, que não se poupava, que se comportava como se tivesse cem vidas! Mentirosa! No final, calou-se. Mas dessas horas só me lembro muito confusamente; estávamos emboladas, mortas e vivas confundidas numa só massa fedorenta. Mesmo assim me lembro que, de manhã, levantou-se e começou a desfazer o laço dos sapatos.

— O que está fazendo? — gemi.

Alguns reclamavam, pois, ao se debruçar, ela fazia balançar o edifício dos corpos e passou-se um momento até que se restabelecesse o equilíbrio de todos esses membros misturados.

— Para que não seja tarde demais — ela disse.

Só a entendi mais tarde, quando a porta do vagão se abriu e ela não se mexeu. Chamei-a, toquei nela: ainda estava quente. Com a cabeça apoiada em outro corpo, parecia apenas adormecida — e talvez fosse uma ideia que me tranquilizasse —, e sua expressão era a mesma que tinha quando dormia no colchão: serena.

"Para que não seja tarde demais." Ela pensava nas cadernetas escondidas dentro de seus sapatos! Portanto, sabia. Temia que na chegada eu não tivesse tempo de recuperá-las. Era o que a atormentava em sua agonia. Foi com suas últimas forças que desfez o laço dos sapatos.

Enquanto o vagão se esvaziava, tive tempo de descalçá-la, recuperar e esconder minhas cadernetas e olhar para ela uma última vez. A lembrança não é opressiva, ao contrário. É a primeira vez que vejo a morte sem pavor, como se aquele rosto o tivesse levado.

*

Não confio no enxergão como esconderijo! Segundo o bom costume de Auschwitz, expulsam-nos a toda hora do barracão. Felizmente as duas portas desse túnel terrível ficam abertas durante a limpeza, e nossa nova "domadora", a bela Gise, de cabelos pretos e sorriso perverso, não sabe cavalgar seu chicote como as bruxas cavalgam a vassoura. Quando não consegue atingir ninguém, bate no ar. É assim que passa como uma flecha através do barracão, várias vezes por dia. No seu encalço, uma malta de pequenas "domadoras", um haras desenfreado;

enquanto isso, Solange, a chefe do barracão — boneca loura, rosa, indolente —, estica-se em seu cubículo particular bocejando debaixo do cobertor. De nossa cama a vemos bem, toda vez que a porta do cubículo se abre (o que vive acontecendo durante a noite, para detentos e seus guardas, uns depois dos outros); mas vendo-a na chamada de manhã, com seu rosto de porcelana, dentro de sua blusa recém-engomada, pergunto-me se não tive visões. Com suas mãozinhas gordinhas, toca em cada uma de nós, contando-nos, mas seus olhos incolores raramente param em alguém — talvez seja melhor assim, pois parece singularmente destituída de "olhar". E isso me deixa constrangida, um pouco como se um cego me "encarasse".

Na primeira manhã, parou perto de mim para perguntar de onde vínhamos.

"De Plaszow", respondemos em coro.

Nisso, ela ergue o cenho. A surpresa a torna quase viva e ela começa a correr para logo ir falar com Gise.

— Vocês já estiveram neste campo aqui?

— Não neste, mas em outro.

— Quero dizer, em Auschwitz?

— Sim, e nos trouxeram de volta — responde o coro.

— Era um grande transporte?

— Mais ou menos dez mil.

As duas mulheres se olham. E no silêncio, ouço uma voz familiar, uma voz firme, inteligente, a de Alice.

Viro-me. Ela já não é loura. Sob seu crânio luzidio, as feições estão miradas. Mesmo assim, sem nada que a enfeite, guardou alguma coisa de seu antigo brilho. Onde foi parar sua prima?

— Se puder nos dizer quantas somos aqui...

— No meu barracão, setecentas — responde Solange, de bom grado —, e oitocentas e novecentas espalhadas pelos outros.

Faz-se silêncio. Konhauser, Warszawski, Sonia? Sempre pensei neles como em vizinhos que, mais dia menos dia, encontrarei na *Lagerstrasse*. Não foi assim que encontrei Sophie? Sonia raspada! Meu Deus, com seu "mau gênio" e seu costume de rir até chorar de si mesma. Não tenho a paciência de esperar que as duas eslovacas acabem seu insondável diálogo.

— Pode-se saber em que campo estão as outras?

Suas vociferações não as deixam me ouvir. Repito a pergunta. Gise, a morena, se vira, irritada:

— Estão no campo H — diz. — Vocês não sabem a sorte que têm de estar aqui!

Solange nos gratifica com seu sorriso meio morto. (Há criaturas que deviam ser proibidas de sorrir.)

*

Estamos no campo B, portanto há sete até o campo H. E depois? Quantos campos há aqui, todos maiores que o de Plaszow? Mais opressores também. As distâncias, os barracões, o céu, o ar, mesmo o rosto e os amantes de Solange, a *Blokowa*.* No entanto a sopa é mais copiosa e não se fala em trabalho. Posso me agachar em qualquer lugar e, com meus papéis, não chamar a atenção de ninguém. Tenho um lugar sob a calha, que divido com os corvos. Às vezes nos encaramos por longos minutos, em silêncio. Será minha imobilidade que os atrai? Ou o fato de que eu seja pequena, comportada e quase tão preta quanto eles? Escrevo pouco, a duras penas. Pensar me cansa. Também cochilo. É assim que passo o tempo, da chamada à distribuição da sopa, da distribuição da sopa à distribuição do pão. Por quanto tempo? A menor ideia! Aliás, nada tem a mesma importância que em Plaszow. Nem meu "testemunho"? É cada vez mais uma espécie de dever que a escultora me teria legado ao se ir — e que enfrento molemente quando não estou cansada demais.

(*) Chefe do barracão (em polonês).

Dizem que é o "brometo" que põem em altas doses na sopa. Possível.

*

Caí no sono no meu lugar habitual. Quando abro os olhos, Sophie está sentada perto de mim. Volta e meia ficamos assim e cochilamos, uma depois da outra.
— O vento aqui tem sempre cheiro de fumaça, já reparou?
— Reparei — digo. — Por causa do crematório.
— Queimam o lixo.
— Queimam também os mortos. Você se lembra, quando chegamos, o céu ficou vermelho durante dois dias...
— Normal. Deve haver muitos óbitos num lugar como este. O que eles poderiam fazer?
E de repente caio na gargalhada.
— O que deu em você?
— Há muitos "óbitos" num lugar como este.
— De fato, é anormal demais para ser sério. Não é mesmo?
— E se a gente caísse no sono?

*

Há uma eternidade que já não escrevo. Não conto mais os dias. Há muito tempo e de muito longe estou cansada...
Conheci as "diabretes" antes do grande cansaço. Um dia, literalmente pularam no meu pescoço, na *Lagerstrasse*, sobretudo uma delas, a maior (depois verificou-se que era a mais moça). Uma coisa é certa: é ela o chefe de família, a mais decidida, a mais dinâmica, o que combina mal com seu sentimentalismo; sem papas na língua, com seu rosto de raposa, seu modo de choramingar por qualquer bobagem (um tanto irritante), quando nada por causa de seus óculos sempre embaçados. As

lentes embaçaram quando pulou no meu pescoço. Tratou de limpá-las em seu vestido sujo.

— É minha irmãzinha — soluça, o que não é difícil adivinhar. É como se ela empurrasse para mim sua cópia, embora a irmãzinha nada tenha de uma raposa. Mais parece uma coruja: grandes olhos redondos, proeminentes, boca parecendo um cu de galinha, rosto balofo, tudo isso refletindo uma apreensão indescritível. Um bebê de colo murcho antes da idade, velho e esgazeado. Outrora, dava aulas de inglês graças às quais sustentava toda a família e pôde mandar para a faculdade a irmã mais moça.

Usam óculos idênticos, de armação preta, os mesmos trapos pretos pendem de suas costas e a mesma angústia negra parece habitá-las. Toda essa miséria multiplicada parece um infinito disparate. Falam comigo como se eu fosse uma velha conhecida. Agradecem-me, alternadamente e sem parar. Em seu entusiasmo, não percebem minha estupefação.

Penso, quebro a cabeça: onde encontrei esses dois espécimes? Dois pares de óculos de armação escura. "A tempestade", exclamei. Abruptamente a onda de agradecimentos seca. Surge-lhes a ideia de que eu possa não me lembrar delas.

Um verdadeiro furacão; enroladas em nossos cobertores, tiritávamos no depósito e tínhamos trancado a porta temendo que uma rajada de vento a arrancasse. Várias vezes pareceu-me que alguém batia à porta. O vento? Corri para a janela: dois esqueletos quase inteiramente nus, dois pares de óculos rodeados de preto levantados para mim. A chuva me impedia de ver mais. "Alguma coisa quente", gemeu uma vozinha que a tempestade tornava sepulcral.

"Fugiram da colina", pensei. Não tive tempo de aprofundar! Tirei correndo o pulôver que tinha recebido de Frau Reich. Peguei a primeira roupa que me caiu na mão, era um casaquinho xadrez que Vania, negligente, não procurou muito tempo. Joguei para elas pela janela. Mais nada.

Desde o momento memorável em que pularam no meu

pescoço, as duas irmãs me visitam todo dia. A amizade delas, oferecida com insistência, talvez encurte meu "testemunho", mas serve-me também de desculpa para ficar preguiçosa, sem remorso. Uma vez me acharam de péssimo humor. Houve um "erro" na cozinha; com a desculpa de que a sopa não bastaria para todo o barracão, as *Stubendiensts* a dividiram entre si.

— Venha conosco — propôs uma delas (a professora). — Sempre temos uma ração dupla.

— Como assim?

— Muito simples, nunca pensou nisso? Você entra na fila diante de outro barracão. Pouco a pouco se faz passar por uma das que vivem ali. Assim garante umas sobras todo dia.

— E se eu for pega?

— Não banque a idiota — afirmou a outra, a viradora —, somos conhecidas, garantiremos a sua presença!

A coisa deu certo uma vez, e mais uma vez... cinco vezes. Acabo esquecendo minha situação "ilegal". Do contrário, eu não poderia ter olhado, como quem não quer nada, para a *Blokowa* desconhecida, uma boa pessoa, que tentou me defender quando, com o coração alegre e a marmita cheia, quase dei de cara com Gise.

— O que está fazendo aí? — perguntou a jumento, seu rosto iluminando-se de antemão pelo que ia me fazer ver.

Olhei sucessivamente para ela e para a *Blokowa*, como se não entendesse; sorri, desamparada, disposta a lhe perdoar esse pequeno mal-entendido. A *Blokowa* lhe disse alguma coisa em eslovaco, e uma decepção incerta se delineou em seu rosto quando ela me encarou de novo. Sustentei seu olhar com muita firmeza, pois, subitamente, um sorriso mau descobriu os seus dentes brilhantes. Ela me agarrou e me arrastou para diante da panela. "Alguém conhece esta moça?", perguntou, escrutando as fileiras. As duas irmãs à frente. Meus olhares suplicantes se chocaram com quatro janelas fechadas. Mantiveram seus olhos fechados.

Lembro que o primeiro tabefe doeu. Mas o segundo eu estava esperando. Comecei a sorrir e, sem tirar os olhos de Gise, tasquei-lhe um, depois outro... Silêncio! Ouvi os tabefes, nítidos, fantásticos. Uma divina calma me envolveu. Como se fosse esse gesto, essa sensação que eu esperasse desde o nascimento. Acho que o sorriso se demorou em meus lábios inchados, enquanto graças aos cuidados de meia dúzia de *Stubendiensts* eu já estava no ponto de ser jogada fora. Quando Solange veio com a guarda, eu jazia na poeira, com uma horrorosa dor na barriga, infelizmente consciente. Ouvi a mulher de "porcelana", que tinha sido alertada em plena sesta, perguntar em tom de nojo:

— O que vamos fazer com ela?

O alemão me empurrou várias vezes com o bico da bota. Eu vivia. Decepcionado, empurrou-me com raiva. (Devem tê-lo também incomodado em plena digestão.)

— Façam o que quiserem.

E ele me abandonou à minha sorte.

Mantive-me ajoelhada no meio da *Appelplatz* durante duas horas, com um tijolo em minhas mãos levantadas. Toda vez que meu cotovelo cedia, Gise, que não tirava os olhos de mim, soerguia meus braços, às vezes se inclinava para observar meu rosto. Lá para o final, meus lábios estavam rachados, tão inchados que eu mal conseguia soprar: "Água!". Ela se debruçou de novo para mim e disse: "Merda!", com uma expressão quase amistosa.

Longa história. Mas não a minha. Durante duas horas eu era apenas braços. Depois voltei a ser eu mesma num instante e o resto desapareceu.

Lembro-me também de que, quando quiseram tirar os tijolos de minhas mãos, devem ter insistido muito, pois meus dedos estavam grudados neles. Meus braços caíram duros e me custou um grande esforço esticar minhas pernas. Durante essas duas horas não houve um segundo em que não tivesse deixado de sentir que *eu não aguentava mais.*

Finalmente, a minha cama. Uma vizinha passa a noite a me fazer compressas. Seu nome é Ella, e não é do nosso transporte.

*

Um furúnculo sob a axila. Infecção resultante da sujeira (no entanto me lavo tão frequentemente quanto as circunstâncias permitem). No dispensário a doutora húngara o abriu, hoje de manhã. Eu berrava.

— Não tem vergonha? — ela diz. — Economize suas lágrimas!

Conhece meus pais. Passou com eles férias em Praga.

— Seu pai continua a ser tão nervoso?

Essa curiosa pergunta a fez rir. Seu rosto se iluminou de repente, e o meu também, pois eu sabia o que ia se seguir. Costumo ver as pessoas se iluminarem ao falar dela:

— Sua mãe era encantadora! E tão moça!

— Muito moça — disse, enrubescendo.

Percorri o *Lagerstrasse* a passos leves, cheia de uma felicidade cujo gosto tinha esquecido. Por alguns instantes voltei a ser a filha de uma criatura encantadora.

*

Eu ia fazer meu curativo. O *Blocksperre** me pegou no caminho. Eu estava pertinho do dispensário, e não queria voltar atrás. Uma grande ambulância vermelha esperava na entrada. Impossível passar. Um oficial portando a insígnia do pessoal médico me parou:

— Aonde você vai?

Mostrei-lhe o curativo. Ele o desfez cuidadosamente, examinou o tumor. Tinha a mão delicada.

— Já teve isso?

— Nunca na vida.

— De onde sabe alemão?

— Minha mãe é oriunda de Bremen.

(*) Fechamento dos barracões.

— Ah, bem — disse, me olhando atentamente com seus olhos pretos.

Eu já tinha visto em algum lugar essa figura bronzeada, magra, exótica. O "chefe da tribo"... A ronda das mulheres nuas sob as estrelas, o oficial que com seu dedo indicador comandava a dança.

— Você vem comigo!

Meu coração começou a pular.

— Para onde?

— Para um grande hospital. É preciso cuidar disso direito.

— Mas me sinto muito bem!

Sorri. Faz algum tempo que meu rosto está divorciado do que agita minhas entranhas (um sintoma de diarreia, que também controlo). Vi a doutora na soleira da porta. Será que ela ouviu essas últimas frases? Começou a explicar com muitos termos técnicos que meu tumor não era contagioso como parecia à primeira vista. Garantiu. Depois, sem esperar a opinião de seu "colega" que ainda parecia hesitar, empurrou-me para uma sala vazia.

Ouvi passos, gemidos, portas rangendo. Um dos doentes queria levar seu cobertor, mas o tomaram dele. "Minha marmita", gritou alguém.

— Depressa, depressa. Nada vai lhe faltar! — apressou a voz conhecida.

O motor foi ligado e eles partiram.

A doutora veio me encontrar.

— Você mereceria... — mas não consegue acabar a frase e se deixa cair num dos leitos.

— Para onde os levam?

Talvez ela não me tenha ouvido. Encarou-me, cansada, como faziam outrora as polonesas do depósito.

— Vou lhe dar um pouco de tintura de iodo e fazer curativos. Não quero mais revê-la aqui.

*

Ella me encontra no enxergão. Digo que não irei mais fazer curativo, que a meu ver estão acontecendo coisas esquisitas e que é melhor não ficar doente no campo.

— Não sabia? Eles são incinerados. Calma, vivos não! Primeiro passam pela câmara de gás.

— Tem certeza?

— E se fossem só os doentes!

Recosto-me e obrigo-a a continuar, encarando-a sem me mexer. No fundo de mim preferiria que ela calasse a boca, igual à doutora. É tarde demais.

— Antes que vocês chegassem de Plaszow, nós, as antigas, que estamos atualmente aqui, estávamos no campo C. No B, havia famílias tchecas, mulheres, homens, crianças, todos juntos... Deixaram-lhes com as roupas, os cabelos. Volta e meia conversávamos. Recebiam pacotes. E nos passavam tabletes de chocolate, caixas de queijo, através das cercas de arame farpado. Morríamos de inveja deles. Uma noite, fomos acordadas por gritos. Ficamos aflitas. Os eslovacos enchiam nossa cabeça com histórias. De manhã, o campo tcheco estava vazio. A *Blokowa* soluçava, os eslovacos tinham os olhos inchados. Soube depois que tinham previsto o dia em que evacuariam os tchecos. Em geral se livram dos "antigos" a cada seis meses. Das vinte mil pessoas que tinham trazido em 1942, só restavam aquelas três mil; era a vez deles naquela noite, pois seis meses acabavam de passar.

— Eles sabiam?

— Desconfiavam. Mas eles tinham esperanças! Dependia das notícias da frente de batalha.

Cala-se. Depois de um silêncio:

— Você acredita em Deus?

— Não sei, e você? — pergunto.

— Eu também não.

Suspiramos.

— Deve existir alguma coisa, o destino, ou outro troço parecido — diz mais tarde.

— E se não houvesse nada? Apenas um monte de perguntas!

Ela não responde. Ficamos deitadas, mudas, uma ao lado da outra.

— Está dormindo? — pergunta Ella.

— Não.

— Você nunca pensou no fio eletrificado?

— Não, e você?

— Tenho medo.

— Reflita. Você tem medo dos maus minutos a passar ou de não mais existir?

— De não entender — diz depois de uma reflexão.

*

Tatuagem. Imprimiram pequenos números no lado interno do meu braço esquerdo. Devo um agradecimento ao eslovaco que trabalhava na nossa fila com habilidade e duas vezes mais rápido que seu colega. Ah! As coitadas que caíram nas mãos desse amador! Guardarão para o resto da vida uma grande marca violeta acima do punho. Sem contar que elas continuam ali, a tiritar numa fila interminável, ao passo que nós, as sortudas, ocupamos todos os lugares nas latrinas.

As latrinas! Nada a ver com as de Plaszow. São chamadas "o clube", com justa razão, pois é um centro internacional, o mais extraordinário que existe. Foi ali que pela primeira vez encontrei franceses, dois chineses (ambos manetas), gregos, holandeses, belgas, espanhóis, poloneses, russos, homens e mulheres se empurrando na dupla fileira de "assentos" que atravessa o barracão no sentido do comprimento, imenso como todos os barracões aqui.

Quando a chamada termina, é o assalto. Tem que ver: cinco ou dez mil pessoas se esforçando para passar pela mesma porta!

Se ao menos só nos empurrassem por trás! Mas o que nos

espera pela frente é pior: o balde de excrementos. O "dragão do W.C." é uma pessoa decidida às pampas. Nos tonéis de rodinhas, é ela que carrega os excrementos para os canais (?) ou laboratórios (?). Em geral fica em pé em cima das latrinas, com as pernas abertas, o balde cheio até a borda. Basta uma gota e todo mundo começa a recuar — a se empurrar —, a gritar em todas as línguas, até em chinês...

O fato de eu ter escapado à dupla pressão da merda e da multidão, diariamente, não tem explicação. Beira o sobrenatural. Mas para o "dragão" tampouco é uma festa; ela mal tem tempo de respirar e a multidão já aflui pela outra entrada, de tal modo que já não sabe para que lado "ir" com a merda. Às vezes isso dura horas e tem um aspecto homérico. Outra vantagem: a gente se aquece. E quando finalmente acha um lugar no meio do calor fedorento, lá fora a atmosfera abrandou.

Um diálogo que flagrei hoje de manhã; uma mulher e um homem, ambos húngaros, agachados lado a lado em cima dos buracos:

MULHER: O ar está irrespirável.

HOMEM: Não tem de se queixar, o frio é pior.

MULHER: É mais fácil suportar o frio que o fedor.

HOMEM: Então, por que não fica lá fora?

MULHER: Isso é problema meu.

HOMEM (*depois de uma longa pausa, conciliador*): De manhã é a Sibéria, ao meio-dia é a África. Em que diabos se encontra esse maldito lugar? Nunca ouvi falar.

MULHER: Eu também não. Continuamos em agosto?

HOMEM: Parece. Imagine o que será no inverno!

A mulher suspira.

HOMEM (*com novo ímpeto*): Diga o que disser, o frio é pior. Com o fedor, mal ou bem a gente se habitua.

MULHER (*resignada*): O senhor é da Transilvânia?

HOMEM: Sou, de Ermihalyfalva. Permita-me me apresentar: doutor Keresztesz, advogado.

De vez em quando tento pegar fiapos de conversa que volteiam ao meu redor, fiapos de línguas que não falarei, de países onde não porei os pés — todas essas distâncias que se esbarram, se cruzam nas latrinas, Paris, Moscou, Atenas, a Europa! Aos trapos, despojada, ultrajada, mas ali está ela! Como se eu viajasse numa velocidade alucinante num veículo que nunca para. Uma viagem frustrante, esgotante, mas mesmo assim viajo nessas estranhas latrinas.

*

P. S: Quase esqueci: segundo os rumores, uma tatuagem vale um seguro de vida de um ou dois meses. Meu número é A17,587. O eslovaco primeiro a desenhou com tinta, depois passou em cada número a agulha de uma seringa. Foi como se alguém me desse tiros ininterruptos durante alguns minutos. Doloroso, mas suportável, mais que o medo. Mudei várias vezes de lugar e, quando chegou minha vez, estava com enjoo. Eu, que esbofeteei Gise e me precipitei, ou quase isso, para a câmara de gás — realmente não sei o que responderei à pergunta, quando chegar o dia: "Você foi covarde?".

*

Começou ontem: roubaram meus sapatos. Ao descer do colchão, vi que não estavam mais lá.
Louca de raiva, estrebuchei como Gise. ("*Zählappel*, suas putas! — ela ruge. — Esperam que eu as tire da cama?" Espanca às cegas. A mim não! Sabe qual é a minha cama. Nos dias em que não aparece, me escondo durante a chamada, mas ela sempre acaba me descobrindo, essa nojenta!)
Bato com a cabeça na cama e exijo, aos berros, que me devolvam meus sapatos.
— Seja racional — grita para mim a pobre Ella.
Ela parece não notar que há dias em que a natureza, o universo e até a própria razão são irracionais.

Isso é só o começo. Mal deixo o barracão, meu pé descalço afunda até o calcanhar numa poça. Chove a cântaros, pela primeira vez desde nossa chegada a Auschwitz. A chamada foi mais longa que de costume. Nem pensar em ir ao "clube" num dia assim. Ella e eu ficamos no abrigo debaixo da calha. Nós nos esfregamos mutuamente as costas. Em vão. Estou com uma febre de cavalo, mas nem pensar em perder a chamada de amanhã, sequer em pedir uma aspirina a Solange. Passei o dia e a noite transpirando entre dois cobertores. Estou cambaleante, mas em pé. Ella acaba de me dar umas "lanchas" esquisitas, uns tamancos holandeses (talvez venham de nosso ex-depósito em Plaszow). Arrasto minhas "lanchas" como consigo no meio da lama (ainda está chovendo); tenho de parar e esvaziá-las a todo instante. Inútil acrescentar que sou uma constante fonte de riso; espalho alegria ao passar — o que é melhor do que o resfriado ou a caganeira, pensando bem. O riso! Já posso ver a cara que farão os civis quando eu lhes disser: "Nunca vi se rir tanto quanto no campo!".

Talvez seja histeria, como nos enterros. Também é verdade que não temos escolha porque as lágrimas são as primeiras que secam. Todas nós temos cara de viúvas indignas — não, melhor dizendo, somos como bandos de órfãs à deriva, atacadas por acessos de riso. Não param de me consolar, rolando de rir, garantindo que quando a lama gelar poderei me dedicar ao esqui de fundo e outros esportes de inverno.

*

Como eu dizia, era apenas o começo. As lanchas têm um uso em que ninguém pensou (a imaginação tem limites!). Ao descer, de manhã, meu pé afunda numa massa mole. Fico imóvel, fulminada, abestalhada. Uma porcalhona nojenta que se enganou de latrina. Sou, infelizmente, a única a saber que a porcalhona não sou eu. Um pé na merda, o outro no ar, aparvalhada, xingo além de todas as expressões.

"Argh", berram de todo lado. "Uma moça grande como você! Não tem vergonha?"

Mas ninguém ousa se aproximar. Não respondo. Que dizer? Ella se ausenta. Saltito até a pia. Não tem água; esta última surpresa acaba comigo. Não é a primeira vez que estou acabada e que, tendo o pior passado, vejo-me de repente além do pior, além da morte, no nada absoluto onde finalmente sou intangível! (Fedorenta ou não, não é mais problema meu!)

*

— De onde você é?

É uma francesa que me pergunta em francês, na fila, atrás das torneiras.

— Da Transilvânia.

Parece surpresa e argumenta que, na França, acredita-se que este é um país de lenda; um reino fantasista de cinema com príncipes e princesas de forte sotaque — um sotaque que lembra aliás o meu e também o das moças do barracão húngaro.

Digo que é natural já que, neste momento, a Transilvânia é húngara, ou melhor, era há três meses, quando nos embarcaram no vagão.

Ela me dá uma olhada cética; devo dizer que nosso país tem o hábito de mudar?

Garanto-lhe que é a pura verdade, que não paramos de *mudar*. Que meu avô nasceu na Áustria-Hungria, meu pai na Hungria, eu na Romênia, sem que jamais tenhamos mudado de cidade e de rua.

— E você, é o quê? — pergunta.

— Como saber? Sonho em três línguas com um sotaque em cada uma. No meu passaporte está escrito "Judia" em húngaro, embora eu não entenda uma só palavra de "judeu"; antes, estava escrito em romeno e não tenho a menor ideia da língua em que estará escrito no dia em que eu voltar para meu país. Talvez em norueguês ou turco? Ela diz que é "parisiense", e ponto final, mas, como adora os sotaques, planeja aprender italiano só para ter um.

É sua vez nas torneiras. Despe-se, começa a se molhar, me pede para eu esfregar suas costas — com uma escova engenhosa (um pedaço de cobertor enrolado num pau) —, limpa detidamente os dentes. Tem tão poucos cabelos na cabeça como qualquer uma de nós, mas os usa num corte "à la garçonne" que nos deixa boquiabertas. Nossas surpresas ainda não terminaram — o jeito como pega sua sacola (o mesmo pano disforme que paira ao redor de nós) ajustando-a sobre os ossos com uma habilidade que beira a magia; dá-se ao luxo de fazer uma quase toalete salientando suas "formas" (que não tem). É uma silhueta quase chique que se afasta com um passo leve, balançando os "quadris". O nariz adunco, o queixo comprido e levantado: não é bonita. No entanto, todos os olhares convergem para ela, deslumbrados. Quem sai da *Waschraum* é uma *mulher*.

Sophie me encontra com um estranho humor, perplexa, meio irritada.

— Não é esquisito que a gente saiba tudo sobre eles, seus reis, suas ruas e cada escrevinhador de décima categoria? Enquanto para eles somos inexistentes, "um país de lenda"?

— É o destino dos pequenos povos — diz Sophie.

Acho, de meu lado, que o destino de ser judeu é mais do que suficiente para um judeu... Mas, a crer em Sophie, a particularidade do destino judeu é não ser suficiente para si mesmo, é ter de arrastar outros destinos e outras calamidades — húngaras, polonesas ou russas etc. — além dos próprios! Por isso é que fomos propositadamente *eleitos* pelo Senhor Altíssimo! Obrigada, observo, mas o Senhor Altíssimo tem mesmo é que encontrar um outro "eleito" e nos pedir desculpas. Aliás, não garanto que vou aceitá-las. Sophie me aconselha "indulgência", pois podemos nos enganar em todos os níveis. Acrescenta: "Você sabe o que dizem os eslovacos de um judeu que está cheio de ser judeu a ponto de se eletrocutar: 'É um antissemita'".

*

As francesas quase liquidaram com a *Blokowa* delas, que as ameaçara com a câmara de gás. Ela está dentro do seu cubículo, com a cara machucada, não pode nem sequer "relatar". Não tem direito de estar por dentro dos segredos!
Fomos até lá. O barracão estava em ebulição! As francesas, furiosas:
— Que fantasia mórbida! Pessoas mortas com gás, aos milhares, na Europa, no século xx!
E se eu lhes desse uma palavrinha sobre meu encontro com uma certa "ambulância" na Europa, no século xx... Não tenho a menor vontade de que me espanquem! Sem falar que a confiança obstinada que elas têm na civilização, no século e em tudo isso, me choca — quase tanto quanto o corte "à la garçonne" que usam, suas escovas de dente, sua feminilidade astuciosa — o fato de que empreguem a margarina para cuidar da pele assim como empregam a inteligência para cuidar da "moral". Imbatíveis na arte de confortar o espírito, de escamotear as dúvidas, de engolir patacoadas contanto que sejam "positivas". O barracão delas é um verdadeiro centro "antidepressão". Sempre "organizando" coisas: encontros, debates, concerto, recital etc. Raramente eu vou, pois a "civilização" nada me diz nos dias em que o ar fica empesteado de fumaça, de cheiro de grelhado, e diante do gigantesco otimismo delas sinto-me perdida como uma mosca num creme.
É preciso dizer que o "otimismo" delas não se limita a esse mundo, mas escapa a todas as fronteiras e particularmente à fronteira de minha razão. Ella e eu participamos de uma dessas "experiências". Jamais saberemos o que pensar a respeito, provavelmente por causa de nossas "limitações". Éramos umas vinte, com as palmas pousadas sobre a mesa, os dedos levemente afastados de modo a roçar nos de nossas vizinhas para que "o circuito seja fechado" e "a corrente passe". "Está passando?", perguntava de vez em quando a chefe da cerimônia, que

dizia ser "médium" — uma pessoa de pele morena, olhos febris, voz baixa apenas audível, como se temesse cortar a "corrente". Usava uma travessa brilhante, do gênero diadema ou aura! E me lembrava a Cleópatra de um filme mudo que vi outrora. Parecia ser muito experiente com o além e se dirigia a seu "contato" com uma voz ligeiramente mais alta do que a nós, mas sem cerimônia, com a naturalidade de uma velha conhecida:

— Querido espírito, por favor dê o número de pancadas equivalente ao número de dias que haverá até nossa libertação.

(Por que não perguntar semanas, eu pensava, e nos dar tempo de esperar um pouco?) Talvez o "contato" fosse de minha opinião, pois se fazia esperar. A "médium" falou de "interferências". Acontece de a linha estar "engarrafada". Aproximamos ainda mais — nunca se sabe — nossos dedos para reforçar a corrente. Será consequência da corrente ou do cansaço? Sentia meus dedos entorpecidos, meu braço doía, e todo mundo começou a se mexer nervosamente e a fazer o banco estalar.

A médium ficou com uma cara crispada de quem espera um telefonema urgente. Não deixou, porém, de encontrar "razões" para esse atraso. Como se o além fosse uma "central", em algum lugar atrás das cercas de arame farpado, que estivesse com uma pane passageira.

— Pensem no que há em matéria de apelos nesta guinada da guerra!

— Que guinada?

Não identifiquei a pessoa que falou, nem o sotaque; talvez fosse um espírito. A médium respondeu com sua voz baixa mas irritada que a vitória era questão de horas e que as "ondas negativas" eram muito mal recebidas "lá longe"; apenas perturbavam seu "contato".

— Ande — me sussurrou Ella —, é uma louca, vamos dar no pé.

Foi nesse instante que ouvimos as batidas, uma depois da outra, batidas nítidas e fortes: feitas pela mesa? Na mesa? Debaixo da mesa? O fato é que ninguém viu a mesa se mexer, nem alguém escondido debaixo dela, e como o móvel era muito pesado, teria de haver muita gente para mexê-la.

Resta *o contato*.

Amontoaram-se em torno da "médium", que fez uma cara realizada como a de uma atriz recebendo felicitações depois de uma apresentação notável.

Não dissemos uma palavra até o barracão.

— Sabe — me disse Ella mais tarde, na escuridão —, talvez seja um dos tchecos "evacuados" do campo B que deu as batidas. Eram humoristas.

*

O campo fede a fumaça. Um transporte de mulheres italianas deve ser alojado no nosso barracão.

Na verdade, são gregas de Rodes, mas o que isso muda? Italianas ou gregas! O essencial é: trezentas a mais para disputar os cobertores e o espaço. Já não é possível se virar, a não ser fazendo um pedido: "pelo flanco esquerdo" ou "pelo flanco direito"; "nas costas" não é mais que um sonho. Com minhas dores de estômago! Impossível erguer um pouco os joelhos. Uma simples tentativa, e dá-lhe resmungo e reclamação por todo lado.

A paralisia obrigatória é, porém, menos insuportável que as eternas tosses das rodienses arrancadas de seu sono grego; elas declinam e se deterioram muito rápido!

As novas ainda causam sensação. Esperamos informações sobre a guerra. A maioria só parece conhecer duas palavras em alemão, *essen* e *schlafen*, e argumenta que, como disseram os "espíritos", a guerra é questão de dias. Quanto às rodienses, além da língua delas, só falam turco (ou sobre uma guerra com os turcos). A gente fica pensando se repararam na outra guerra, a grande!

Na chamada, fazem pensar em espectros fantasiados para

o carnaval. Parece que todos aqueles vestidos decotados, aqueles *négligés*, aquelas capas vêm das bagagens abandonadas pelas nossas na estação de Auschwitz — peles, trajes de gala... "Como se alguém as esperasse no *Buckingham Palace*." As antigas não param de fazer troça. Mais que seu estado deteriorado — que as roupas extravagantes só fazem realçar (sente-se o sopro da morte atravessar a *Appelplatz*) — é a candura delas que nos perturba. Seus olhos de criança, redondos, febris, assustados: "Mas o que é tudo isso? Por quê?".

Ao ver esse cortejo espectral encaminhar-se para o barracão, quase recuamos. Uma delas, com rosto de uma madona supliciada, pergunta se alguma de nós fala francês.

Apresento-me.

Observa-me com seus olhos dilatados. Ela acredita ser vítima de um erro judiciário; exige um juiz imediatamente, exige a revisão do processo.

Que juiz? Que processo? Tento lhes explicar que estamos todas no mesmo barco, não condenadas mas simplesmente *sobrando* na Terra. Esforço inútil! Impossível arrancá-las de seu estado alucinatório.

Foram embarcadas num navio, três semanas no porão, sem higiene e quase sem comida. Ainda bem que seus filhos e pais estão em algum lugar, em segurança. Querem encontrá-los, e com a maior urgência! Sou eu que supostamente devo expor tudo isso ao "juiz", e também o fato de que jamais compareceram perante um tribunal, nem mesmo como testemunhas, que se inscreveram nas "listas judias" a conselho do rabino, pois, no país delas, os judeus são gregos como os outros, a não ser nos cemitérios.

"E diga ao juiz que raspar a cabeça das moças não é normal, é indigno, que estamos dispostas a perdoar, mas só depois que seja feita justiça."

Só tenho uma ideia: dar no pé. Mas não, devo assistir primeiro ao número de Béa, a galhofeira do grupo. Difícil dizer se chora ou ri, pois seus dois perfis estão divorciados. Pisca com um olho, lacrimeja com o outro, e reforça o "efeito" rebolando dentro de um quimono exótico cujas mangas deixa escorregar para exibir os traços do chicote em seus braços flácidos.

"Pobre Béa, que bela mulher foi... que mulher!"

Tudo isso expressado por gestos — bastante cômicos — para descontrair as companheiras. Mas a mim não! Todas elas parecem levar a sério meu papel de "guia" e intérprete junto ao "juiz". Estou no meio de uma multidão caída de outro planeta ou de outra era, sendo a "voz" delas, a providência delas, a única esperança delas na terra. É de morrer!

"Não há nenhum juiz, santo Deus", repito irritada, mas a "madona" que alega conhecer francês (dançou em Lyon, por ocasião de uma turnê) só compreende, na verdade, o que quer compreender. E o que deseja é que eu seja sua irmã e que sua mamãe seja minha mamãe.

Digo que tenho minha mamãe, minha família. Ela responde:

— Obrigada, você é muito boa. Dançarei para você.

Sei que elas são seriamente loucas, e que estou tão longe da bondade quanto elas mesmas de sua ilha! Embora sem nenhuma experiência na matéria, eu poderia me enganar. O fato é que jamais tive sequer uma ocasião para ser boa — sempre aparece alguém para ser bom comigo antes que eu pense nisso. Parece que tenho um dom especial para monopolizar toda a bondade disponível, me meter em encrencas impensáveis, como esbofetear Gise, por exemplo, perder meus sapatos ou pisar no cocô e assim por diante... um pouco como se eu estivesse sempre me afogando. E, com isso, eis-me diante de trezentas extraterrestres quase afogadas em um estado de urgência, com uma necessidade de bondade de fazer estremecer um santo. Por um lado, eu também estremeço, mas por outro aquilo me tenta; tenho o gosto da aventura e, além disso, quem sabe, talvez seja *agora* ou nunca? Ella, a última a me cobrir com sua bondade, tem uma crise quando lhe anuncio que passarei um tempinho com as rodienses. "São todas tuberculosas." Digo que me virarei se tossirem, mas ela deve ter muita necessidade de dispensar sua bondade em mim, pois se zanga.

*

Três dias e três noites com minhas "protégées". Elas me adoram; como as compreendo! Passo o tempo a me dedicar, a me dar de corpo e alma. E quanto mais dou, mais tenho para dar! E quanto mais me desmancho em bondade, mais meu coração se enche de alegria. Às vezes tenho medo de que ele abandone meu peito, dispare rumo ao céu, tome seu lugar à direita do Senhor. Como excluir que vivi fora de mim — na ignorância de meu ser profundo —, que nas minhas catacumbas estava enterrada uma santa desconhecida, negligenciada por causa de ninharias? E o que não são "ninharias", se comparadas à santidade? E qual prazer poderia igualar a indizível doçura da abnegação? Pena que sejam tão raras as pessoas que são espertas o suficiente para compreender que dar a si mesmas é a mais deliciosa e também a mais gratificante de todas as vocações! Seja como for, digo: a bondade foi o que melhor me aconteceu desde meu nascimento; se pelo menos eu tivesse me dedicado a ela mais cedo! Se pelo menos ela pudesse durar...

*

Não, infelizmente, há altos e baixos, como qualquer coisa. Muitas vezes tenho vontade de esbofetear minhas "protégées" (neste momento, por exemplo!).

Pergunto-me se os roedores têm seus santos — em todo caso, não sou eu! Eis-me em cima dos camundongos que beliscam meu pão. É Lucrèce, a bailarina, e sua irmãzinha Lola; flagrei-as no enxergão. Ao me verem, começaram a remexer no enxergão. Com certeza esconderam ali o meu pão, horrivelmente beliscado. Tentaram me distrair, mas eu vi tudo, ouvi os cochichos febris, a respiração sincopada de Lola (a epiléptica), que a irmã arrastava atrás de si. Meu pão, ainda úmido da saliva delas. Se pelo menos cortassem um pedaço em vez de babar em cima! E para completar, a barafunda que fazem! Ontem à noite, ao encontrar minha ração tocada, Lucrèce me mostrou a dela, também beliscada; por que não ir atrás delas? Preciso me acalmar... Estou me arrastando... Enojada com minha indecisão, pulo finalmente para meu colchão. Mas estou enjoada, minha cabeça roda só de imaginar a cara esverdeada de Lucrèce, seus olhos prestes a saltar da órbita, de tanta indignação simulada, e os roncos de Lola "produzindo" uma nova crise!

Mas, afinal de contas, não é tarde demais, só depende de mim poupar-me de tudo isso! O que me consola um pouco de minha covardia é a cara de idiota que eu faria para superá-la.

Lucrèce dança entre dois barracões, no meio da poeira. As rodienses batem o ritmo com as sandálias, imitam tambores com as mãos.

Custo a acreditar que essa criatura aérea, que paira no ar desafiando as leis da gravidade com uma graça indizível, é a mesma ladra de pão, vulgar, suja, histérica; que Béa animada, quase bela, é a mesma alucinada; ou que Gise, que sorri como um anjo num tríptico, é a mesma sádica que conhecemos.

Amanhã a sádica talvez mate a alucinada. Amanhã as rodienses gemerão de novo por causa do frio, novamente se grudarão umas nas outras durante a chamada e novamente o chicote as dispersará. Lucrèce recomeçará suas manobras sórdidas com meu pão; e andarei às voltas com a mesma raiva.

Mas hoje passamos um momento de beleza. Apresso-me em anotá-lo imediatamente, pois o dia ainda não terminou. E com os "cães", como diria Sonia, nunca se sabe. Nem sei sequer como pensar nela, nem em que tempo. Ainda posso usar o presente?

*

Encontrei no meu local de trabalho (debaixo da calha) um polonês de certa idade. Não ousei tirar meu caderno. Comecei a lhe fazer perguntas, só para passar o tempo:
— Desde quando está aqui?
— Faz três anos, não vou demorar muito.
— É a saúde que anda ruim?
— Sou um antigo, estou maduro.
Pelo visto, está espiando em meu rosto o efeito de suas palavras ambíguas.
— Nunca ouviu falar do campo H?
— Vagamente — digo, e logo me arrependo.
Ele aponta o indicador para o céu:
— O *Himmellager*.* É o *Himmelkommando*** que me espera.
Se pelo menos me poupasse de suas zombarias!
— Ah, bem — digo.
Inclino-me contra a parede para me firmar, pois eu o entendo bem demais.
— O que você tem? — me pergunta o polonês soprando no meu rosto seu bafo sobre o qual nada direi.
— Nada — respondo. — Até logo, obrigada.

*

À medida que os dias passam, minhas lembranças de antigamente — embora não se percam — dão reviravoltas desconcertantes, sobretudo de noite. Um dorso rodiense e duas tíbias repousam sobre mim e subitamente todo o edifício é sacudido porque eu mesma me sacudo de rir; lembro-me do dormitório das Ursulinas, as janelas com três batentes, as camas brancas colocadas a uma boa distância umas das outras. Estávamos naquela sala, meu pai e eu, diante da madre superiora, Clothilde.

(*) Campo do céu.
(**) Comando do céu.

Ela devia ter notado o ar constrangido de meu pai, pois, ao nos olhar, seus óculos pareciam ter um reflexo zombeteiro.

— Madre, espero que a senhora entenda. Sua instituição é excelente de todos os pontos de vista, mas este dormitório... sempre nos esforçamos para que nossa filha tivesse o quarto dela. Ela é dada a gripes, é uma criança frágil.

Foi assim que escapei do internato. Meu pobre papai, se você visse a sua *frágil* criança que pega gripe tão facilmente...

*

Não falamos sobre isso. Mas durante a *Blockspärre* ninguém fica no lugar. Zanzamos pelo barracão superpovoado. Passeamos nossa angústia.

De manhã, comecei a espiar pelas frestas da porta trancada. Estava de olho na "ambulância". Ela já estava longe quando notei uma "nua" galopando na *Lagerstrasse*. Talvez tenha fugido pela janela do veículo. Lembrava-me Lola. Lola, que eu tinha acompanhado junto com Lucrèce ao dispensário.

Lucrèce me falou ontem. Disse que a irmã melhorou desde que está sendo tratada; tem uma cama só para ela e lhe dão injeções.

O carro parou. Devem ter agarrado a fugitiva. Não vi nada, só ouvi um grito e quase imediatamente a voz alterada de Lucrèce atrás de mim. Seria espantoso se ela tivesse reconhecido a irmã. Eu mesma não tinha certeza.

— Se eu desistir da dança, se fizer um pedido a Deus, será que Ele vai curar Lola? O que acha? — perguntou-me, cravando seus olhos inquietantes nos meus.

— Não sei — disse-lhe —, talvez seja justamente pela dança que você mais O toque.

Agachou-se no chão, fechou os olhos e sorriu:

— Em Roma dancei diante do *Duce*. Eu tinha apenas treze anos.

*

Lucrèce: um terremoto. Desde hoje de manhã está excitadíssima. Seu corpo fino vomita o sofrimento com uma força assustadora, e não parece que conseguirá contê-la. Se pelo menos ela parasse um instante! Mas não se atreve. Mal se acalma, sacode-se e recomeça à toda, como se tivesse de recuperar um atraso.

É possível que o sofrimento não figurasse no projeto "original". Sem o que, teríamos herdado dons ou instintos para melhor nos dedicar a ele! Como ao trabalho! É injusto; só uma natureza indiferente ou desonesta pode ter criado provações tão terríveis, para forças tão pobres.

P. S.: Escrevi tudo isso debaixo da calha. Uma mensageira do barracão chegou para me avisar que Lucrèce saiu em busca de Lola. Impossível detê-la. Abordou os ss, oferecendo-se para dançar, fazer qualquer coisa, contanto que a levem até a irmã. Um deles lhe tascou um chute na barriga, e ela voltou, curvada, para o barracão. Agora está deitada, de olhos abertos, fingindo-se de surda-muda.

Finalmente me recebeu. Ela compartilha comigo uma desgraça acima de meus recursos. Se bem que eu já não saiba o que pensar de meus recursos — senão que os tenho mais do que o previsto! É como se uma mãe de família dormisse sob minha pele. Uma dessas pessoas pacientes e prestativas, que fazem a feira com sacolas pesadas e cara preocupada. Trabalhar para minha terrível "família". Carregar a angústia dos outros (trezentos outros) me dispensa das minhas. Nunca me senti tão leve.

*

Mais "preocupações familiares": minhas "filhas" cortaram vários cobertores! Apresentam-se bem agasalhadas na hora da chamada. "Faz frio", explicam a Solange, que está perplexa.

O veredicto: ficar de joelhos durante a chamada, quatro dias seguidos; privação de comida: dois dias.

A chamada faz pensar numa sinagoga no dia do *Yom Kippur*. Gise resplandece. Seu chicote não fica inativo; os gemidos e golpes se encadeiam sem parar. Essas coitadas ainda não aprenderam a limitar suas perdas.

De noite não têm nem voz. Esticam o pescoço para mim! Olhos de bichos doentes. Vou encontrar Solange.

— Vejo — ela diz — que você tem muita comida, uma dieta para emagrecer não lhe faria mal.

Escutou-me, imóvel — suas palavras parecem escorrer por entre lábios que não vejo se moverem, como tampouco sua cara de porcelana. Impressão de ter falado com um ventríloquo.

Não ouso me dirigir ao guarda. Temo cair num dos visitantes noturnos da *Blockowa*. Resta a Esfinge, Käthe, a comandante do campo. Nas raras vezes em que aparece na chamada sua cintura de amazonas parece impor-se ao resto; é essa valquíria que devo abordar. Levo tempo. Ela não desperdiça energia, é agitada. O que me facilita a tarefa. Ela para diante das panelas que são encaminhadas à cozinha, prova a sopa, esbofeteia mecanicamente as duas moças que aparecem na sua frente. Tem antipatia pelas amedrontadas, encolhidas umas contra as outras, e, ao passar, separa algumas delas e murmura em seu extravagante dialeto algo como "*Junge Leute*".* A juventude não deveria tiritar — eis um princípio em que parece crer... Incompreensível: por que essa Juno vestida com um pulôver grosso (diga-se de passagem!) faz questão de nos aguerrir antes de nos despachar para o gás? No entanto, seu modo de provar a sopa me inspira alguma coragem e me planto na sua frente, balbuciando:

— Desculpe... — ou — *Bitte***... —, já não lembro.

— Huh? — ela indaga, sem demonstrar surpresa, franzin-

(*) Jovens pessoas.
(**) Por favor.

do o nariz. Em poucas palavras traço-lhe a situação das rodienses e os recentes acontecimentos.

Pisca os olhos, seu visível esforço para me acompanhar leva-me a desconfiar que é uma sueva lá de casa. Só fala no dialeto local deles, como certas empregadas nossas a quem tivemos de ensinar alemão.

Lembra-me alguém. Acabo tendo a certeza de que quem me lembra é ela mesma. Antigamente, chamava-se Kati, e foi nossa babá por algum tempo. Sua pele era menos enrugada, mas seus cílios quase brancos não mudaram, sua bela boca vulgar de fortes gengivas também não.

Ouve-me até o fim sem que a expressão concentrada se desfaça em seu rosto. Depois, sem dizer uma palavra, dá a volta e sai. Resta a aflitiva pergunta: será que me reconheceu? Não é impossível, pois sua partida foi um tanto intempestiva. Um dia, na ausência de meus pais, trancou-me no porão (já não lembro por quê); eu berrava, os vizinhos vieram me soltar. "Kati" foi demitida prontamente, o que não pareceu aborrecê-la demais; lembro-me de suas últimas palavras, que às vezes citávamos na família:

— Estou cheia dessa pestinha. Deixo-a para vocês e desejo-lhes muita sorte.

Decididamente, eu não devia ser um "sonho" para as babás.

Apesar de minha emoção, devo passar pelo "clube", me apressar um pouco. No barracão encontro minhas "filhas" transfiguradas: Käthe aplicou um castigo em Gise, na frente delas. Esta noite, dupla ração de sopa. Eureca!

*

O passado não é como uma cidade soterrada? Basta que apareça uma pedra e o resto vem à tona! Anteontem, Kati-Käthe, hoje Edith. Fazia uma eternidade que, com exceção de Sophie, não topava com nenhum rosto familiar. E pronto, de repente: duas em menos de uma semana! Sem reforço, o passado corre o risco de se desmanchar. Neste momento, parece me fazer um sinal: "Lembre-se!".

Essa querida velha Edith! Cozinheira! Deve sua invejável posição ao que foi o suplício de sua vida: a corpulência. Fui repentinamente assaltada na *Lagerstrasse*, levantada e quase sufocada por uma espécie de edredom, uma massa quente que não fui capaz de identificar senão quando consegui me soltar de seu abraço, semissufocada. Iluminada! Inflamada! Pensaria estar sonhando se não fosse a multidão de perguntas que chovia em cima de mim. É ela mesma! Impaciente, curiosa, impetuosa, excessiva e sem nenhum senso de medida. Diante desse tumulto a gente sempre fica de pé atrás, como diante de uma avalanche.

Aos dez anos, sua fronte já mostrava algumas rugas, consequência de suas tumultuadas reflexões. Foi assim que, quando eu tinha sete anos, esclareceu-me, à força, as práticas escandalosas a que se dedicavam as pessoas grandes quando as perdíamos de vista.

Foi no pomar. Lembro-me de ter protestado violentamente. Mas ela deu um jeito de recomeçar, com detalhes horrorosos, a falar dessas informações "vergonhosas" tais como acabava de recolher dos lábios da arrumadeira.

Por pouco não cedi, não admiti que horrores desse tipo podem existir, mas resisti num ponto:

— Papai e mamãe? Você se atreve a dizer...

Atreveu-se. Fiquei muitos dias de cara amarrada, espiando de canto de olho os dois hipócritas que se dedicavam às escondidas a exercícios impensáveis (indispensáveis ao meu nascimento, segundo Edith).

— Papai, me diga — perguntei —, é verdade que você tem alguma coisa a ver com minha chegada ao mundo?

Ele empalideceu e se dirigiu à minha mãe em tom inquisidor:

— Com quem essa criança brinca? De onde tira essas bobagens?

Só revi Edith muitos anos mais tarde. Vítima de superalimentação, em seguida de uma doença pulmonar.

— Mas me diga — ela perguntou, já na porta —, engordei muito?

Seus bonitos olhos acinzentados pediam indulgência.

*

Entre uma pergunta e outra, vejo-a recuar de repente, passar as mãos em seu vestido de flanela (este mesmo vestido que estou usando):

— Emagreci, não foi? — pergunta com a antiga inquietação; e, sem esperar minha resposta, engata uma boa risada: — Como estou sendo idiota!

Não me lembro do que nos dissemos. Sei apenas que um círculo respeitoso se formou ao nosso redor; um pálido raio de sua auréola de cozinheira refletia-se em mim. Aperta minha mão, repetindo apenas:

— Que posso fazer por você?

Surpresa, não sei o que dizer.

— Não tem sapatos?

— Tenho, mas são de madeira, prefiro andar descalça.

— Vamos cuidar de tudo isso. Não se preocupe!

Não vejo espelhos desde Plaszow. Mas seu estado de agitação, e certos olhares seus valem como um espelho. Por que eu seria diferente das outras "mendigas" em último grau que nos cercam? Com certeza estou pior, um desastre, para que uma inconveniente de seu gênero não diga uma palavra a respeito! Simplesmente, livra-se do vestido de flanela (está usando outro embaixo, de estilo tirolês); visto-o em pleno *Lagerstrasse*, diante dos olhos de minhas semelhantes, enquanto ela se afasta correndo. Volta instantes depois com uma gamela fumegante: carne, batatas e outras guloseimas tiradas do fundo do caldeirão. Minha consciência se evapora — as mendigas, Edith, tudo se dissipa em sabores sem nome.

Temos um encontro marcado de madrugada, diante das latas de lixo. (Ela me adverte para jamais me aproximar da cozinha, objeto de vigilância reforçada.) Aperto-me dentro de meu vestido de flanela. Como expressar a felicidade de minha pele sob a carícia de um tecido suave?

*

Caçada em torno das cozinhas.

Mataram uma moça, com duas balas atiradas do mirante. Comer a ponto de matar a fome é um esporte perigoso. Eta!

Não é isso que me impede de me postar, logo depois da chamada, na frente das latas de lixo, como combinado.

Tábuas amontoadas atrás de nosso barracão. É para lá que vou com minha gamela. Enfio-me entre duas fileiras. Tenho meu buraco. A comida ou o silêncio, não sei o que mais aprecio. Já não estou faminta. Não começo a oficiar antes de me instalar. Será que a emoção me largará um dia? Poderei um dia olhar para uma batata com indiferença?

*

Não sei quando peguei no sono. Não me lembro tampouco de ter acordado. Talvez apenas sonhasse de olhos abertos... com Jurec. Ele é (ou era) um brutamonte, mas o único que pôs a mão em mim, afora o médico. E se, por exemplo, eu tivesse gosto pelos brutos? E se ele tivesse razão de me achar uma "metida", uma pateta que se arrisca a deixar este mundo numa "pureza" irremediável, grotesca?

Uma idiota igual a mim deveria ter ao menos duas vidas, para aproveitar na segunda aquilo com que sonha na primeira. A não ser que os "sonhadores" sejam uma espécie sem esperança? Pior que os alcoólatras.

Desde que não preciso mais pensar o tempo todo em comida, perambulo pelas estradas imaginárias com uns caras imaginários, dentro de banheiros imaginários.

Abraços imaginários. Contanto que não estraguem aqueles que poderei conhecer um dia! Deixar um mundo onde apenas começamos a viver! Não, é muita idiotice! Todas essas vidas, todos esses sonhos em suspenso! Vejo-os se arrastarem pelas eras, incompletos e insatisfeitos.

*

Os novos comboios chegam calçados de sandálias encantadoras. Morro de vontade de ter um par! E estou em situação de negociar um. Edith está disposta a pagar qualquer preço.

Venho com minhas sandálias. Ela embirra; não quer mais desembolsar!

— Você está biruta, por acaso?

É tudo o que acha para dizer quando apareço calçando uma fantástica imitação de lagarto verde-claro com saltos altos de compensado.

— Não gostou?

— Com esse vestido de flanela? Acha que vai a um "arrasta-pé"?

— Se você tem pelo menos um troço legal, pode imaginar o resto!

Ela enveredou por um longo sermão:

— É verão, mas depois, no inverno... com esses saltos altos! Pense bem!

— Não são saltos mas solas de compensado, o que há de melhor contra a chuva. Eu gosto, e pronto!

Zangadas uma com a outra, nos separamos. De tarde, ela recomeça. Traz-me um par de sapatos altos novinhos em folha, o tamanho um pouco grande. Quando penso nas minhas lanchas! Dito isso, essa fantástica imitação de lagarto, não vou esquecê-la tão cedo. ("Eu também não", observa Edith.)

*

Suspensa a um fio... Mas que fio, santo Deus, que fio! Com medo de que ele arrebente, meu pensamento mal se atreve a roçá-lo.

Hoje encontrei um húngaro no "clube". Sabe o que ninguém ignora: "Os russos estão chegando". A mesma história desde Plaszow. O essencial é sair de Auschwitz, esgueirar-se dentro de um transporte de partida para um campo de trabalho. Basta dar uma olhada para o outro lado das cercas de arame farpado; no campo C, há seleções todo dia.

No lado de lá das cercas algumas centenas de mulheres nuas ficam dando voltas, rodeadas de ss e cães. (O mesmo espetáculo de nossa primeira passagem por Auschwitz.)

Conheço algumas que estão no campo C.

— Minha mãe foi selecionada. Gostaria de ir encontrá-la, mas o ss me empurrou. Para onde as levaram?

— Não sei de nada — digo —, mas você fez bem de ficar.

— Mexam-se, saiam de Auschwitz — insiste o húngaro.

— Nos campos de trabalho não há seleção.

— O que é este campo?

— É um campo de triagem, um campo da morte. Apresentem-se ao trabalho na primeira ocasião.

— Tenho uma amiga na cozinha.

O rosto do húngaro se ilumina.

— Ótimo! Tenho uma prima que trabalha lá. Thérèse Sos. Poderia pedir à sua amiga para avisá-la? O melhor seria lhe entregar minha gamela, se não se incomodar.

— Por que o senhor mesmo não vai?

— Não me atrevo — admite com uma franqueza que me desarma.

Pego a gamela dele. Decididamente, os heróis não ficam fazendo hora no "clube" nem na *Lagerstrasse*. Mas ter a coragem de declarar sua covardia já não é nada mal! Pego sua gamela, ele pega minhas mãos, me agradece, confuso:

— Um homem sempre fica mais exposto.

Ao voltar com as duas gamelas, ouço um barulho atrás de mim e "algo" quase roça meu flanco. Não tive tempo de me apavorar: atiraram em mim, de um mirante.

Mais uma vez recebo minha vida como um presente. Talvez, a longo prazo, me acostume com isso.

O húngaro pega a gamela, mais morto que vivo.

— Viu só? — murmura, lívido, sem esconder o alívio. — Onde eu estaria, Senhor, se você não tivesse pegado minha gamela!

No instante seguinte, ei-lo enfiado até os olhos dentro da sopa.

A coragem "masculina" e a fragilidade "feminina", histórias para boi dormir!

*

Liquidaram o "bloco sarnento".

É o número 24, o mais povoado de todos. Há semanas que transferem para lá todas as que têm uma mancha ou uma ferida no corpo. Examinam as barrigas com uma atenção particular (e eu, que pensava que a sarna se incrusta entre os dedos!).

A *Blockälteste* das sarnentas, a polonesa Halima, é uma personagem quase lendária. Também tem seus contatos no "além", daí, talvez, seu bom humor — e o das sarnentas. Parece que a maioria não tinha sarna de verdade, estavam simulando. Apresentavam-se no dispensário com todo tipo de espinhas ou arranhões. A doutora fazia o que podia. Eu queria falar com ela sobre isso, a respeito das minhas "filhas", mas antes de eu conseguir, elas foram simplesmente postas de lado, durante a chamada. Tenho meu lugar entre as húngaras. Quando avistei o cortejo trotando atrás de Solange, com um jeito menos "espectral" que de costume, com um passo quase alegre (algumas me enviavam beijinhos), estavam indo encontrar "as mamães e os bebês", e estariam de volta à ilha para a colheita, como *jurei* a elas cem vezes... Perdi trezentas filhas — sem uma lágrima, e, pois é, nunca mais terei de jurar. Essa noite esvaziaram o 24, com as muitas simuladoras e as poucas sarnentas, se é que havia alguma.

Halima, a "lendária", agachada diante da porta de seu barracão, chora. Estão desinfetando.

É a vez do número 19, dizem. Em seguida, o nosso? Solange não chorará.

*

O barracão dos alemães foi bombardeado!

Nenhum outro foi atingido.

Lagersperre. Na cama, nos abraçamos. A mesma algazarra alegre vem dos barracões vizinhos. Os Fritz nos esperam, sem dúvida, mas não têm tempo para cuidar de nós. Devem cuidar de seus mortos. A desinfecção prevista para hoje é adiada.

*

Não há mais furgão. Viajamos em cima de banquetas. Talvez finalmente tenham ganhado a guerra, pois distribuíram cobertores e chá. As janelas não estão com barras, nem com pregos. Levanto-me um pouco na ponta dos pés: é uma fantasmagoria que desfila na minha frente. Mas meus pés doem, pois tiveram de dividir o espaço de meus sapatos com minhas anotações (um périplo de dez quilômetros até a estação, cada passo é um calvário). Finalmente soltos mas em péssimo estado, meus dedos dos pés estão machucados, e minha "obra", amassada, como que saída de uma lata de lixo (ou pior que isso). Morro de vontade de jogá-la ao pé de uma dessas árvores seculares.

Em vez disso, faço o "relatório" de nossa viagem nas margens dos jornais encontrados nos banheiros: *Schlesische Volkzeitung*. A coisa começou diante da mesma porta, com a mesma tabuleta "*Waschraum*", com uma pequena diferença: já não somos "noviços". Uns vinte ss, outros tantos *Kapos*, chicotes, não conseguem fazer com que nos mexamos. Desconfiamos da tabuleta — umas duchas "ambíguas" —, sabemos demais, pois é!

Enraizar-se! Então isso não é mera figura de estilo! Não sinto os golpes; contrariamente à tradição dos condenados de todo tipo, o filme de minha vida não passa nos minutos que me sobram (como acontece na tela, quando o cara de Sing-Sing avança para a cadeira elétrica enquanto, em *flashback*, um bebê alegre sorri para a mãe). Neca de bebê, de mamãe, de *flashback*! A protagonista ainda são minhas entranhas. A diarreia! Seria esta a última sensação? Não me lembro de nenhum grito. O primeiro som me chegou debaixo da ducha e foi uma espécie de estrondo — talvez por causa da água que espirrava —, parecia vir de longe, do lado de lá dos muros. Depois da ducha escaldante, lá fora uma outra, glacial. Esperamos amanhecer — em pé, encharcadas até os ossos, tiritando. Eufóricas.

Finalmente o sol se levanta, com certo fausto. E é diante da construção dos banhos, em pleno dia, que fazemos a *descoberta*: ficamos paradas a noite inteira defronte do crematório. Uma construção baixa, banal, de tijolos vermelhos. "Para que serve?", pergunta alguém a um dos *Kapos*. Sua resposta é uma careta "eloquente", sem o que poderíamos confundi-la com a entrada de um *bunker* ou de um porão. Nenhum cheiro, nem fumaça. Nenhuma "atmosfera". Por mais que a gente soubesse por que aqueles tijolos foram empilhados, são tijolos, mais nada.

A insignificância das coisas e dos lugares que um massacre deixa atrás de si. Ninguém desmorona. (Seríamos amnésicas?)

Quilômetros de cercas de arame farpado, desesperadamente parecidas: os mesmos barracões, na mesma ordem, a mesma multidão maltrapilha.

Qual não é minha surpresa ao perceber aqui, perto do crematório e do barracão de desinfecção, casas familiares, com cortinas, pequenos pomares, roupa secando no varal, e, defronte das casas, nos bancos, mulheres sentadas com os filhos!

Um menino toca acordeão, outro arrasta uma bicicleta. São civis — os empregados do crematório? Em seus momentos de folga, criam galinhas, cuidam dos pomares. Mais longe, atrás das construções, árvores frutíferas, gramados muito bem tratados. Pelo visto, essas pessoas estão bem instaladas. Será que pensam em morrer de velhice nesses lugares? O sol brilha com benevolência sobre essa colônia tranquila. E aquele bebê mamando, com ar absorto, nasceu aqui e é aqui que irá ao maternal. Uma desconhecida dá o peito a seu bebê em cima das cinzas de alguém de minha terra, talvez. O que não diminui o prazer que o sol me proporciona, nem a ideia perturbadora de ter me esquivado diante da dor, de ter me esgueirado, de ter mentido desde o início, adiando covardemente o sofrimento, acomodando-me pouco a pouco sem deixar que ele se aproximasse de mim, me agarrasse. Agora é tarde demais, desperdicei meu luto, mutilando-me para sempre! Penso comigo mesma, é claro — miserável desculpa —, que não sou a única nessa situação. Que se houvesse um sofrimento na medida de nossa desgraça, nenhuma de nós ainda estaria em seu juízo perfeito. Não, ninguém perdeu consciência diante daquele amontoado de tijolos! Merda, não estarei me criticando por causa de minha *razão*? É culpa minha se ela é tão dura de se perder, bem mais que a vida?

Estamos prontas para a marcha, mas mal damos uns poucos passos e devemos parar para um cortejo que desfila diante de nós durante uns bons quinze minutos, ladeado pelos ss de baioneta calada. No encalço deles, um regimento de cães policiais. Botas, uniformes listrados. Debaixo de lenços brancos, rostos lívidos de cansaço, quase intercambiáveis. É a primeira vez que isso toma forma diante de meus olhos: o "trabalho forçado" em sua realidade lúgubre. Até agora fomos apenas um bando de ociosas despreocupadas.

"Anne!" Esse grito eclode sem perturbar o barulho das botas, mas há um alvoroço entre nós: a que gritou está mal, reconheceu sua irmã nas fileiras. Mas o desfile das botas, dos sapatos e dos cães continua. Imaginar uma Anne se virar, fazer sinal... uma onda contra o mar!

— Ela nem sequer parou! — grita a irmã. (Ainda não temos a disciplina na pele!)

Saímos pela estrada. Depois de tantos quilômetros de barracões, e a aldeia com os empregados do campo, estamos no meio de um conto de fadas. Seria ainda o campo? Embora de tamanho natural, as casas lembram as que vemos nas feiras, feitas de pão de mel. Árvores com folhas brilhantes, com maçãs vermelhas, nunca vi tão grandes. Será um cenário de opereta? E como se só faltasse isso, de repente aparece o cortejo fantástico! *Die Vögelein im Walde.** Quatro balizas avançando por uma trilha, cada uma delas carregando um instrumento musical diferente. Aproximam-se, duas a duas, e só quando chegam à minha altura é que percebo: cada dupla é, na verdade, uma pessoa duplicada. Gêmeas! Esguias, radiantes, graciosas; a única mancha de cor resplandecente sobre sua roupa branca é uma estrela amarela. Cantam aos brados: *Die Vögelein im Walde.* Uma mulher mais velha, atarracada, ossuda, anda na frente, munida de um acordeão. Dirige com muito entusiasmo essa pequena orquestra. Em seu peito o mesmo triângulo verde-escuro que Otto usava (a insígnia dos assassinos).

*

Sonhei que não estávamos mais em Auschwitz! Hesito um bom tempo antes de abrir os olhos. Pleno dia. O trem está parado ao pé das montanhas, numa pequena estação: Wiesau.

*

Antes que me esqueça: aprendi como as coisas acontecem com as gêmeas. São selecionadas no furgão. Podem guardar

(*) Os passarinhos nos bosques.

suas roupas e têm direito a três refeições por dia; vida de castelo! Em compensação, são submetidas a frequentes exames de sangue com fins experimentais. A questão que preocupa "a raça": como elas se desdobram no ventre materno?

*

Milho a perder de vista.
Isso arranca lágrimas em nossa fileira de cinco! (Nós ainda a temos!) Isso também me lembra as palavras de Sophie: "Não tenho muitos sentimentos pela natureza". Também devo ter sentimentos a menos, pois não encontrei tempo de lhe dizer adeus. E aqui estou, andando por uma estrada larga, ladeada por campos lavrados. Não há ss entre nossos guardas. Senhores velhos, ancestrais em uniforme. Respondem às nossas perguntas, apressados e como que alarmados. Foi assim que tivemos de olhar as rodienses quando chegaram. Embora não seja "carnaval", nos passaram os vestidos-saco de praxe. Bolas! Pelo visto oferecemos um espetáculo pouco tranquilizador — se bem que, na idade deles, devem ter visto outros.

Deixamos para trás uma floresta de verdade e uma rua de verdade com casas de verdade. E, no entanto, não fico muito surpresa ao ver surgir em cada janela verde dessas casinhas brancas de telhado vermelho as mesmas figuras de tranças louras e olhos azuis. É nosso cortejo insólito que deve tê-las atraído. Tenho a impressão, porém, de que sempre estiveram ali e que não deixarão de estar até o fim dos tempos, louros de olhos azuis, como se fizessem parte da paisagem.

O campo (se ouso chamá-lo assim) nos espera no meio de uma floresta e também parece recortado de um álbum. Só nós é que destoamos desse cenário encantador: nossas cabeças raspadas rodando para um lado e outro, desnorteadas.

Portanto, o que foi que perturbou as três pessoas que nos esperam na entrada? Um senhor de têmporas grisalhas, olhinhos vivazes em cima de um nariz grande, bochechas gordas, viçoso, jovial, sanguíneo; seu uniforme, que não teve tempo de acompanhar suas gordurinhas, nem de se dobrar a elas, parece tão novo como suas condecorações e seu campo, que ainda tem cheiro de produtos domésticos. Mas nenhuma palavra pode expressar sua perplexidade! Depois de passar os olhos pelas filas, dirige-se a uma pessoa loura cuja beleza suntuosa também parece contida dentro de seu uniforme. Conversam em voz baixa quando uma segunda alemã se intromete. À sombra da loura exuberante mal percebi esse miniuniforme. Parece, contudo, que é ela, com sua vozinha de pássaro, que decide. Por fim, o gordo (é provavelmente nosso chefe) para diante das fileiras, abre a boca, depois volta atrás como se não tivesse certeza de que compreenderemos a palavra articulada. A pequena, que não tira o olho dele, lhe dá um sorriso encorajador, como se dissesse: "Vá em frente, são criaturas humanas". Mas depois desse início difícil, o gordo se sai bastante bem. Começa reconhecendo que nosso aspecto, a princípio, o perturbou. Sabia, é claro, que nos campos de concentração não desfrutávamos de condições impecáveis... (a onda de risos que atravessa as fileiras só o interrompe por um instante). Mas a última coisa que esperava é que raspassem a cabeça das "damas". Para isso só vê uma explicação: os parasitas, conclui, vermelho que nem um pimentão (dessa vez, ninguém ri; não estamos mais no território do Reich, a menos que esse personagem tenha um parafuso a menos).

Vamos trabalhar numa fábrica de louça. Nossa comida, ele nos avisa, ficará a cargo dos nossos empregadores; será um pouco menos consistente, nos primeiros dias, até que a fábrica entre em funcionamento. Pede-nos paciência, limpeza e, o mais importante, acima de tudo: amarrar em nossas cabeças os panos que mandará distribuir daqui a pouco; não suporta o espetáculo de nossas calvícies! Seguem-se reflexões sobre a mulher, sobre o que ela representa em sua estima e apesar da idade, que em nada diminui o respeito que deve a esse sexo. (Não, estamos no Reich, mas num Reich irreconhecível — cortês, afável, um tantinho romanesco.) Ali fabricaremos louça na paz do Senhor e no respeito mútuo. A pequena que não tem papas na língua; parece aguentar as digressões de seu superior com crescente impaciência. Para nosso estupor, interrompe-o secamente. (A disciplina também não é o forte deles.) Começa a vociferar, enérgica; anuncia que teremos de nos lavar todos os dias, que nos lavabos espera-nos água quente. Descansar. Podemos dispor.

Quatro ou cinco cômodos por barracão. Vinte camas por quarto e uma pessoa por cama. *Uma*! Com um cobertor! Um travesseiro! Uma colher e um verdadeiro prato de louça! A sopa, um *consommé* de verdade, a mais deliciosa, e também a mais clara que já provamos num campo.

Mal tenho tempo de escolher a cama onde, radiante com todos esses presságios exaltantes, eu poderei me esticar, me acalmar enfim, e já nos chamam.

Tínhamos esquecido o mais importante: eleger a *Blockälteste* e o "pessoal". Adeus calma, alegria, esperança e descontração. A sombra gélida de Solange, Gise e outras putinhas começa a pairar naquele lugar sossegado. Só que elas nos esperavam com o chicote, e por isso nunca houve igualdade entre nós. Mas estar sob as ordens de alguma que desceu do mesmo vagão, raspada, faminta igual a mim! Ah, não! Protesto em nome de todas as perdidas, de todas as raspadas. À toa. A investida já começou; empurram-nos perdidamente, partindo do princípio de que, se precisamos a todo custo de um chefe, então que seja *eu*!

O *Lagerführer* defende-se contra essa maré selvagem de ambições que, no entanto, ele mesmo desencadeou, ignorando o que pode ser a lógica dessas "damas". Embora eles sejam três, mal conseguem enfrentar as investidas. "*Ich... Ich spreche deutsch!*"*, berram quinhentas gargantas ao mesmo tempo. De repente, reconheço minha própria voz ofegante naquele coro,

(*) Eu... eu falo alemão!

e fecho a boca, apavorada. (Realmente, estou perdida demais para me privar de minha simpatia.) Espero o fim do jogo, sentada na soleira da porta onde Ella vai me encontrar. Difícil prever um vencedor, pois todas as "concorrentes" parecem à beira da apoplexia, ofegantes, suando em bicas, seminuas.

É uma pessoa prestes a perder os sentidos que o chefe agarra, por um triz, declarando-a *Lagerälteste*, provavelmente para encerrar a história. Parece uma sobrevivente da câmara de gás. Mas em seguida assistimos a uma milagrosa metamorfose dessa "triunfante". Com sua caveira iluminada, banhada de benevolência, faz um pequeno gesto majestoso para a multidão (de cortar o apetite da própria morte). A segunda é Sarika, a "lambe-marmita". (Um dia, Gise a puxou pela língua quando lambia o fundo da marmita.) Transbordante de alegria e lágrimas, é uma aldeã meio doidinha por ter guardado por muito tempo sua pureza. Por último, Tobie, uma robusta camponesa de Marmaros, com duas irmãzinhas sob sua responsabilidade e a vitalidade inexorável das Falk.

Só vendo o *Lagerführer* ao felicitá-las! A "lambe-marmita" e a "caveira" recebendo as congratulações com uma espécie de dignidade natural como se aquilo fosse algo devido por graça divina. As menos sortudas, que há pouquinho lutavam boxe ao lado delas, giram em torno das "eleitas". Seus sorrisos servis e atormentados... (é de morrer).

Mal se passou uma hora e as novas "dinastias", as novas "cortes" já se formam, as novas intrigas, as rivalidades...

Não tenho direito ao mesmo quarto que Ella. Suas "majestades" apreendem os "complôs".

*

Portanto, é o paraíso! Nada de trabalho! Nada de comida! Meus dentes só servem de enfeite. A verdadeira sopa de campo é desconhecida aqui. Sopas leves de vagens, azedinha, beterraba. E se pelo menos não a passassem pela peneira! O pão! Ridículo. Se não estivesse tão fresco! Derrete na boca como mel!

Faço a sesta na grama, ao lado da cerca. Silêncio deste início de outono tão suave, tão romântico! Montanhas que vejo ao longe e que eu trocaria sem pestanejar por um ovo cozido. Uma trilha diante de mim. Por baixo da cerca, distingo sapatos velhos, uma velha vassoura que limpa as folhas mortas.

Vontade louca de interrogá-la:

"Oi, o que você tomou no café da manhã?"

A cerca é estanque. Deitada, vejo apenas sandálias, rodas de bicicleta, e também uma cesta de feira! O aroma dos pêssegos, do pão fresco, a mão que os entrega a mim... É em alucinações semelhantes que os dias se arrastam. Pouco a pouco habituo-me ao fato de que ninguém toma conta de nós.

Os fios de arame farpado, as chamadas sem fim, a *Blockspärre*, as contagens ofegantes. E de repente estou ao pé de uma cerca que não pulo, simplesmente porque duvido que, naquela aldeia pitoresca, possa topar com uma pessoa disposta a dividir seu almoço comigo.

Quantas facetas tem esse pesadelo? E se a história fosse um louco cuja "mania" fossemos nós, os judeus? Um pensamento que não me impede de reparar que é a segunda panela de sopa que desaparece no quarto das *Blockälteste*. Às vezes, quando uma das "cortesãs" abre a porta, vapores familiares me fazem coçar o nariz, e a indignação dobra meu apetite.

*

Hoje, essa maluca da Sarika, com todo o seu séquito, parou defronte da porta de nosso quarto:

— Como? Ninguém se levanta diante da *Blockälteste*?

Levantamo-nos.

Não fomos dispensadas da chamada, embora só nos contem para manter as aparências. Só a diarreia verbal de nossa chefe justifica a cerimônia. Ficar em pé meia hora para que aquele Cícero de araque tenha o prazer de se ouvir! Ele trata de "senhoras" essas duas megeras "reinantes"; dirige-se do mesmo modo a Tobie, de Marmaros, essa lavadeira "promovida". Nós, o resto, somos suas "filhas". Exorta-nos a "sermos pacientes", com enorme insistência, como se estivéssemos em condições de recusar. Pergunto-me como vai acabar essa mascarada. Se distribuísse margarina tão largamente quanto seu coração!

E a fábrica de louça? "As negociações prosseguem." Quais? Louça! Nada mais a fabricar, num momento em que o Kampf deles e o Reich deles estão praticamente na penúria. Mas que fabriquem o que lhes der na telha! (É possível que daqui a uma semana eu tenha uma marmita cheia e o *Lagerführer* faça fila com sua gamela.)

*

Edith Berkovitz. Esse nome figura à frente da lista de nosso quarto. É o da responsável. Com exceção de Szenttamas e de nós, ninguém saberá que é uma moça de grande retidão. Faz a distribuição com equidade, sem favorecer a mãe ou a irmã.

Por isso é que gostaria que seu nome escapasse ao esquecimento.

*

Num campo da morte só há uma coisa a fazer: salvar a pele. Mas assim que ela está salva, os "arranjos" já são possíveis. Há os que se viram e há os outros! Encaixo-me mais nos outros.

A *Blockälteste*, Lambe-Marmita, me encontrou deitada de bruços. Eu escrevia. Parou, e seu séquito junto com ela.

— O que está fazendo?

— Vocês estão vendo!

A indignação e a indecisão disputam seu rosto inflamado. Ainda não tem o desembaraço de sua "posição"; sua autoridade a galvaniza e a apavora. Como nos impedir de rir por trás dela, e como apagar de nossos cérebros aquela história da marmita?

Também sabe que se espera que faça algo exemplar imediatamente, mas o quê? Por sorte, Tobie de Marmaros tem uma índole menos complexa. Arranca de mim as anotações e me tasca um tabefe com toda a força. A própria Gise não teria feito melhor! O que me chateia é que no momento fatídico não consegui impedir meus lábios de tremerem. Antes de recuperar meu "sarcasmo", Lambe-Marmita e a lavadeira já estavam longe. Ainda assim, um pequeno consolo: não me mexi. Apenas uma hora depois, Sarika, a solteirona, volta com minhas anotações. Basta não ter de defender sua "posição", e ela mergulha de novo em sua candura original; diz que sabe escrever e que até tem uma bela letra. Mas nunca sonhou em virar escritora, curioso, não é?

— Se você quisesse escrever alguma coisa a meu respeito, mas sem mencionar que fui eu que pedi...

— Agora?

Sorri, embaraçada:

— Se possível...

Decido-me na mesma hora, em versos.

"*És doce, Sarika, como um céu de primavera
Modesta violeta, sabor de outras eras...*"

Hesito em lhe entregar, a candura tem limites.

Mas essa velha coroca resplandece entre as lágrimas, não para de me agradecer.

— Se minha pobre mamãe a ouvisse...!

Parece que aborda todo mundo ao passar.

— Ouviram os versos que nossa escritora fez a meu respeito?

Meus direitos autorais: duas sobras de sopa! (Teor de batatas: médio.)

Foi apenas um modesto início.

Desde então todo o barracão caça rimas. Dedicam "obras" a Tobie e à Caveira. Alguém chamou esta última de "Rainha da

Noite". Outra compôs uma ode para o *Lagerführer* e conquistou para sempre seu grande coração. Todas as estrofes acabam com esse refrão:
O Lagerfürher, vai!
Ele é nosso papai!

*

Não devemos perder as esperanças nas promessas de papai: chegou um carregamento de roupas. Há de tudo, desde macacões até mantôs. Uma hora depois, estamos irreconhecíveis! Foi a pequena vigilante dinâmica que se encarregou de nossa "metamorfose", num ritmo implacável e sem prestar a menor atenção na nossa sensibilidade "feminina". Donde as recriminações, as observações ácidas: "Ela tem um encontro marcado! Por isso é que ficarei sambando o inverno todo dentro dessas calças de golfe".

Só mesmo uma pessoa apressada ou muito malvada para fazer essa mistura: um vestido de coquetel verde-musgo, decotado, abrindo uma vista abissal para minhas clavículas, e um mantô verde-abacate. Ambos novinhos em folha. O que não ajuda a alegrar minhas olheiras, minha pele acinzentada. Segundo Ella, pareço um campo de corridas sob a bruma.

Vestir-nos! Ainda ontem isso pertencia à esfera da fantasia! E agora que usamos o pulôver, o vestido, os mantôs inesperados, não paramos de reclamar, de acusar a cor, o corte, de maldizer a vigilante e papai. Evidentemente, nada foi feito sob medida, temos do que reclamar, mas há uma única coisa sobre a qual ninguém diz uma palavra (o próprio fato de notá-la me aperta o coração): é que não estamos muito em forma e não temos mais nem sequer uma boa razão para isso, pois nosso vestuário é de mendiga.

Todavia, há uma feliz entre nós: Serène. Reconheceu em alguém seu mantô "civil", entregue quando chegou, junto com o resto de seus pertences. Não precisa insistir junto à nova proprietária para que consinta em trocá-lo. O mantô está sem forro, surrado, um verdadeiro mantô de pobre! Mas é o *dela*!

Dias passados na excitação. Um acontecimento imprevisto quase nos fez esquecer a hora do "almoço": achamos um espelho de aumento dentro de um bolso. Todo mundo faz questão de se ver de perto, "aumentada". Dentro de seu mantô de gola alta de pele, Caveira também espera o cara a cara com suas órbitas.

Eu, como as outras, aguardo. Mas tendo de repente um ataque de tosse, devo parar; aproveitam para me fazer recuar. Desisto e, enquanto recuo, não consigo me separar dessa multidão colorida e em efervescência. Aquelas mulheres não parecem mais mendigas, nem pessoas da rua. Como se uma tribo que tivesse desembarcado de outro planeta se fantasiasse com a moda terráquea. Correm daqui, dali, examinam-se, consultam-se, e, no entanto, por todo lado está tudo capenga.

As duas costureiras do campo são muito procuradas. Desesperadas, as pobres não têm mais voz para responder às inesgotáveis perguntas; só quando uma das "autoridades" aparece no horizonte é que uma sombra de sorriso passa pelo rosto delas, exaustas. À toa! As *Blockälteste* e até as menos privilegiadas têm o direito de escolher suas roupas: tamanho, cor etc. Portanto, não podendo esperar grandes negócios, elas se voltam, extenuadas, para as inúmeras outras, que estão à espera.

Quanto aos meus "verdes", não causam nenhum problema. O mantô é bem legal, mas o vestido de coquetel é do gênero de divertir todas aquelas com quem cruzo. Eu mesma teria me divertido se não tivesse feito uma descoberta aflitiva ao deparar com uma vidraça: é possível que o pescoço se alongue, na minha idade? Por outro lado, minha cabeça parece cheia de remendos. Como isso me escapou? Aconselho-me a evitar as vidraças.

*

Algumas luzes sobre o passado de papai, via Sarika. Vendedor de peixes, outrora, tinha sua loja na cidade. Vejo-o direitinho atrás do balcão, sua corpulência, seus olhos espertos, suas gordas mãos brancas segurando a mercadoria escorregadia. Ele mesmo é "escorregadio". Seu olhar às vezes escorrega por cima de nós, desolado, como o de um quitandeiro por cima de uma mercadoria estragada. Antes da guerra foi à falência. Não tinha mais idade para se distinguir na frente de batalha. Sempre teve doenças medíocres. Este pequeno campo é seu primeiro golpe de sorte. Não teria tido essa situação. Tem três filhas solteiras (sendo ela mesma solteira, Sarika fala disso toda animada). Até as mulheres bonitas só têm direito a estropiados ou a recordações. Os homens válidos "se retiram, flexíveis, e até o último suspiro". Já abandonaram a Rússia e defendem bravamente nossos Cárpatos. Só restam os destroços e os adolescentes como esperança de felicidade!

A loura vigilante gasta seus encantos opulentos com pseudomachos: um garoto mirrado, a gente fica pensando se já tem idade para se barbear! Essa bela criatura fica rubra assim que a meia-porção aparece atrás da cerca.

Nossa Edith serve-lhe de cabeleireira e manicure. Uma vez, depois de ter em vão batido à porta, flagrou-os numa posição estranha: o garoto nos joelhos da loura. *O tempora!*

*

De novo as finlandesas! São trinta e duas, e foi o quarto ao lado do nosso que elas invadiram. Mas atenção: não vieram do círculo ártico — nada a ver com descendentes dos vikings, fiordes e algo assim. São chamadas de finlandesas por causa da palavra alemã *von*, que pronunciam "fin". São "fin" Marmaros (camponesas, como era a escultora). Engolem as consoantes, esticam até não poder mais as sílabas (maaaa, nuuuuu). O tratamento que infligem à nossa língua lembra um pouco as hunos. Mas a semelhança para aí. As hunos se melindravam com

187

problemas de honra, ao passo que não há nada com o que as finlandesas se preocupem menos.

Um dia, escalaram a cerca, pilharam um carro carregado de beterrabas. Papai, que da janela de seu escritório tinha visto tudo, convocou uma reunião para nos dizer que éramos a decepção mais amarga de sua vida e que amanhã de madrugada — não, esta noite mesmo — nos mandaria de volta para Auschwitz. Segundo os rumores, Auschwitz está livre — sem falar que a margarina e os legumes que ele consegue por nossa causa são vendidos a preço de ouro! Mas o fato é que estamos em maus lençóis. Tobie, a finlandesa, lança olhares assassinos para as compatriotas. Parece prestes a se jogar em cima delas, a mordê-las como um cachorro. Papai está blefando, provavelmente. Não somos seu "negócio", sua "sorte grande"? Lambe-Marmita jura, no entanto, que foi ela quem nos salvou, atirando-se de joelhos no meio da chamada. Implorou a papai que a enviasse sozinha à morte. Lá no alto ela dará um jeito de atrair a atenção de Deus para o nosso campo (atarefado como Ele anda, deve ter nos perdido de vista). Percebi nos olhos de papai... duas lágrimas em forma de peixes.

As finlandesas foram condenadas a um dia de jejum. Foi anteontem. Resultado: esta noite forçaram a porta do porão. Carregadas de batatas, flagradas, desmascaradas — nem por isso perdem a cabeça. Aparentemente encontraram a porta aberta; juram por suas mães mortinhas, e que nunca mais revejam suas casas se uma só delas tocou nas batatas. Aquelas poucas batatas, apanharam na escada, e certamente foram as cozinheiras que as deixaram cair, no caminho.

E já que estamos falando disso, eis uma pequena amostra de minhas próprias confusões com as finlandesas: uma manhã, eu estava na corveia, ajudando Edith a fazer a limpeza. Estava nas camas quando a porta se abriu bem devagarinho, no vão apareceu um lenço xadrez, olhos azuis, furtivos, um nariz chato, e finalmente Frimi inteirinha; a chefa finlandesa, o "cérebro". Lança ao redor olhares desconfiados (eu tinha me agachado entre duas camas, prendendo a respiração). Certa de que o terreno estava livre, vai correndo até a prateleira e pega uma xícara. Eu levantei e a confrontei — impossível imaginar um flagrante mais explícito, mas não para um "cérebro". Para minha grande perplexidade, é ela que começa a berrar primeiro, a gritar que é um escândalo: "Você tem a cara de pau de alegar que não pegou da gente essa xícara? Bando de ladras!". Antes que eu me refaça, sai correndo para buscar a *Blockälteste*. A xícara tinha desaparecido do barracão delas! Trinta e duas finlandesas prontas para jurar pela salvação de suas almas, pelas suas mães mortinhas e assim por diante... Conseguem a xícara. As mães não caem mortinhas, e as finlandesas continuam a aperfeiçoar suas atividades fraudulentas.

O dia de jejum é prolongado por mais um; além disso, não podem sair do quarto.

Desde a manhã berram sem parar. Um tapume fino nos separa.

— Por que estão uivando? — perguntei a Edith.
— Estão fazendo suas orações.
— Por que uivando?
— Nunca se sabe; caso Deus esteja ocupado em outro lugar ou seja surdo de nascença! — E depois, com uma careta debochada: — Não dou um tostão furado pela fé delas, pois comem porco, tocam nos interruptores e traficam no sábado como *goys*.

Ela, Edith, preferiria ter as duas mãos cortadas a tocar numa faca no dia do *sabá*. O rigor com que tira qualquer fiapo de carne de sua sopa! Respeita todos os jejuns, maiores e menores, às vezes cambaleando, meio zonza! Francamente, acho que seu "Ser Supremo" inferniza a vida dela por causa de umas bobagens. Prefiro, e de longe, o das finlandesas, o *Süsser Gott* (suave Deus), que não é dado a picuinhas e nem é um pingo formalista.

À noite, elas lhe pedem para proteger seu sono, e dormem como uma pedra. De manhã, imploram que lhes mate a fome e ele fecha os olhos para suas expedições e pilhagens, e as finlandesas matam a fome. Ele tolera qualquer coisa, a não ser num ponto, no qual ele é intratável: a fidelidade. Elas brigam sem parar mas não devemos nos enganar: assim que uma delas se mete numa encrenca, são trinta leoas que acorrem. Fazem todas as "expedições" juntas, dirigem-se em coro ao *Süsser Gott*, dividem rigorosamente o butim.

E aqui vai uma história finlandesa. Data de minha primeira estada em Auschwitz (antes que eu começasse as anotações). Tínhamos duas pequenas finlandesas na cama. Ficaram igualmente insuportáveis.
Um dia, encontrei uma aos prantos.
— O que houve?
Ela soluçava sem parar. Comera um pedaço de toucinho no banheiro, tendo-o recebido de um polonês. Observo que não é por isso que irá para o inferno.
— Não é o toucinho — diz —, o *Süsser Gott* vai me perdoar; mas não o dividi com minha amiga!
O que me deixa pasma, pois se engalfinhavam dia e noite. Passávamos a vida a separá-las. Pouco tempo depois, houve uma seleção. A amiga tinha uma erupção na pele e a puseram de lado. A finlandesa do toucinho se agarrou a ela. O alemão perdeu a paciência e a colocou junto com as selecionadas.

Nossas trinta e duas finlandesas gozam de excelente saúde. Aposto cem contra mil que não se esgoelam em vão: o *Süsser Gott*, que não passa de um velho finlandês, as reconduzirá para casa em Marmaros, em plena forma, todas elas.

*

A fábrica Kueppers. Finalmente abre as portas. Papai nos anuncia solenemente, durante a chamada. Está usando seu uniforme branco, suas duas assessoras estão presentes, e até Kurt, o macho-na-falta-de-algo-melhor, assiste do alto do terraço.

Pelo menos dessa vez papai não se faz de orador; mas consegue um sucesso fulgurante. Já nas primeiras palavras estávamos galvanizadas.

O diretor da fábrica Kueppers pede cem operárias; só podem ser recrutadas pessoas bem constituídas, bem-educadas, aplicadas...

Papai nos examina com um olhar preocupado; sabe o que esperar de uma multidão que ele obrigou a passar fome, tendo em vista a dura realidade e tudo o mais! Estamos todas prontas para o que der e vier, dispostas a ir em frente. Mas ele já não é o principiante que nos acolheu. Encontra as palavras justas para moderar nosso ímpeto: "As que se empurrarem se eliminarão por si próprias". Escolherá pessoalmente as mais dignas dessa importante tarefa.

Será por causa de meu mantô verde, ou de meu olhar "bem-educado"? O fato é que me vejo entre as eleitas, já quase caindo pelas tabelas de emoção, esperança e expectativa.

Partimos caladas para o primeiro trabalho, nós, as cem, brigada de choque do campo de Wiesau. Da porta, nosso chefe ainda nos dirige umas palavras de estímulo. Atrás do tapume, seu sorriso paternal e algumas centenas de olhares gravemente decepcionados nos acompanham.

Notícias assustadoras circulam entre as filas. Fazemos o trajeto a toda velocidade e só na volta perceberemos como ele é longo.

Alguém sabe de fonte segura que trabalharemos numa fábrica de baquelita. (Não é mais louça?) Armaram mesas especiais para nós, na cantina. Os dois senhores que o *Lagerführer* acompanhara hoje de manhã tinham ido conversar com ele a esse respeito.

"Ih, a baquelita Kueppers!" Esse nome nos diz alguma coisa. Alguém se lembra de ter visto outrora umas fotos numa revista: a quadra de tênis da fábrica Kueppers, o restaurante, famoso, o serviço feito pelos "garçons", verdadeiros garçons fardados!

"A não ser que os tenham substituído por mulheres por causa da guerra. Agora são as mulheres que servem, em qualquer lugar."

Espiamos as chaminés, ao longe, apertamos o passo. Os dois ancestrais, os mesmos que nos tinham acompanhado do trem ao campo, custam a seguir nosso ritmo.

— Ei... parem! Para onde estão correndo, pelo amor de Deus?

Paramos.

— A fábrica Kueppers ainda está longe?

— Mas já chegamos!

Essa é boa!

Recomeçamos a andar; os dois velhos em nosso encalço tentam nos parar, arriscando o próprio fôlego. Não estão brincando, é óbvio, mas e então? Estávamos paradas em pleno campo.

A fábrica Kueppers com sua quadra de tênis, seu restaurante e os garçons fardados — na forma de algumas pilhas de tijolos e vários fornos de cal — espera humildemente ser construída... por nós.

Prisioneiros de guerra (italianos) zanzam entre os muros inexistentes e a fábrica inexistente, com carrinhos de mão inúteis, e nos dão olhadelas amistosas. Certamente nunca ouviram falar de papai, nem dos garçons, nem do restaurante Kueppers ou da quadra de tênis, mas os examinamos com hostilidade, como se estivessem gozando da nossa cara. Só para oferecer um quadro mais digno da nossa aflição, o céu começa a gotejar.

Um magro consolo: se um dia uma construção se erguer neste lugar, será sem minha participação. Não que eu me divirta em ficar mofando sob a chuva! (Na colina pelo menos a gente se aquece.) Mas levantar, ainda que fosse o dedo mindinho, para esses cães de Kueppers! Não, obrigada! Melhor a umidade, os reumatismos, a peste. Instalo-me num carrinho de mão

emborcado, diante dos olhos do contramestre. Que ele ouse me interpelar! Aproxima-se e me pergunta em húngaro:
— Está doente?
Não respondo. Ele suspira, se agacha ao meu lado, perto do carrinho:
— Pode me dizer o que estamos fazendo aqui?
E começa a xingar. Os palavrões húngaros são inigualáveis, indizíveis!
— Fazer isso com uma criança!
Só faltava essa!
Olhando para o céu, faz uma careta que leva a pensar numa imensa barba cinza e suja. A seu ver, Deus é uma espécie de *Gauleiter** que fabrica a chuva, a idiotice e a morte.
E dizer que Ele começou pela luz!

A fome, que o frio úmido varrera por alguns instantes, volta com uma fúria decuplicada. Engulo minha saliva. Há dias só faço isso; vivo de minha substância. Devoro-me.
— Você não teria nada para comer?
Ele fica contristado.
— Nada, infelizmente.
No meio-tempo, outros tinham seguido meu exemplo. Dois italianos se juntaram à turma. Queixam-se do clima.
— O que isso deve ser no inverno!
— No inverno! *Nix* de inverno, *nix deutsch*, *nix* guerra! — ri um dos italianos, e seu rostinho de macaco sujo e amável se ilumina.
— Esses macaronis pelo menos não perderam o espírito! — observa o húngaro —, mas aqueles lá — e aponta para uma caçamba empurrada por seis homens, em cima de trilhos improvisados; de longe, só vemos barbas e trapos —, nunca sabemos como lidar com eles. Têm cara de quem não sabe contar até três; mal conhecem duas palavras de alemão, mas recente-

(*) Dirigente ss.

mente descobriu-se no barracão deles um depósito cheio de explosivos.

Russos.

Uma ração de água suja nos espera no campo.

Papai se desculpa: erro de cálculo na cozinha.

Nunca cheguei a odiar tanto assim o comandante de Plaszow.

— O sanguessuga! — diz uma voz histérica.

— Pelo menos ele não nos manda para o gás!

— E você chama isso de vida?

Só a muito custo conseguem controlar a dona da voz.

Será que estou gripada? No sonho, eu já estava morta. Meu enterro, ao qual eu assistia, era dos mais barrocos. Eu via e ouvia tudo, mas por uma razão inexplicável não me atrevia a me trair e pensava comigo mesma: "Você está morta, cuidado, eles não podem notá-la!".

*

O *Lagerführer* recebe quatro marcos por dia e por cabeça. Por que a fábrica Kueppers faz questão dos nossos serviços? Mistério. Agora, pede trezentas operárias. Só vendo as duas mulheres, os velhos guardas e papai à cata dos "marcos"! Este último diz obscenidades indignas de sua corpulência e de sua idade. Os armários, os banheiros, as colchas — todos os cantos estão cheios de "desertoras" (pensando bem, o comércio de peixe deve ter sido menos trabalhoso). Não tenho força para fugir, deixo-me empurrar para as filas desfeitas a todo instante. O espetáculo tem seu sabor: a cara escarlate de papai, na qual se confrontam duas paixões contrárias, igualmente poderosas: 1) Chicotear mortalmente, exterminar todo o bando; 2) Não perder um marco.

Um dia de outono, bem agradável. Descansaremos nos campos. Os dois velhos guardas organizam a muito custo uma corrente, ofegante, e também entram nela, para nos encorajar;

com suas mãos trêmulas fazem passar os tijolos. Não adianta nada, pois nos esquivamos sem a menor vergonha. O contramestre, dessa vez um francês, prevê, tanto quanto seu predecessor húngaro, um futuro nada glorioso na fábrica Kueppers.

Um jornal alemão passa de mão em mão: a Romênia foi evacuada, "conforme os planos". A Transilvânia está livre. Tudo está pelo avesso: os dois velhos ficam sozinhos com os tijolos, que eles continuam a empilhar conscienciosamente.

Por quê? Aí está uma pergunta que ninguém parece se fazer neste estranho país. O zelo deles é de dar pena, pois estão com um pé na cova. Dois velhos simbólicos.

A Transilvânia está livre! Será que continua a ser húngara? O francês não sabe.

Avisto um pouco mais longe uma caçamba, abandonada nos campos, meio fora dos trilhos.

— Onde estão os seis homens? — pergunto.

— Sei lá — ele diz, tirando o chapéu, pois nunca se sabe.

O caminho é extenuante.

Papai nos recebe, o ar orgulhoso e sagaz. Na verdade, uma surpresa nos espera: algumas batatas dentro da sopa!

*

Essa febrinha sorrateira.

Mais uma vez estou pagando por minha "sorte".

Ontem, a partida ocorreu na confusão habitual. Já estávamos em fila, umas cento e cinquenta, sem esperança de escapar, pois as vigias, os guardas, todo o pessoal nos cercava, numa corrente. Enquanto isso, nosso papai bem-amado estava à cata de novas vítimas. Perseguia, justamente, Frimi de Marmaros, o "cérebro", quando o telefone tocou em seu escritório. Frimi desapareceu, enquanto seu perseguidor falava num dialeto do qual não conseguíamos pegar uma só palavra. Quando reapareceu, foi com um enorme sorriso. O que, tendo em vista sua profunda falsidade, não deixou de nos inquietar.

— Vocês estão livres — declara, mandando os guardas embora.

Esperamos, desconfiadas; ninguém se mexe.

— Telefonaram da Kueppers. Não precisam de vocês hoje.

Azar de seus marcos; ficamos aliviadas. As fujonas aparecem nas janelas. A mão paternal pede silêncio:

— O diretor da fábrica também me comunicou que um proprietário chamado Schröde as contrata e lhes oferece a comida do dia. Como já passou a hora do café da manhã, só deve ser almoço e jantar.

Apenas transmite o recado, impassível como uma caixa postal. Parece assustado com o tumulto que se segue (do qual participam as *Blockälteste* e outras "funcionárias").

— *Was ist das?** Ponham-se em fila!

E começa a contar. Nada escapa à sua vigilância paterna; ora ajeita um turbante, ora levanta uma gola.

— Trezentos, *stop* — diz, cortando as fileiras bem diante do meu nariz.

As trezentas "operárias agrícolas" saem andando para a propriedade Schröde, o ensopado, as crepes e outras mil maravilhas. Ficamos ali, prostradas, nós, as cinco seguintes, que se tivéssemos avançado uma só fileira...

Já fecharam o portão e nós cinco continuamos no lugar, como petrificadas, paralisadas pelo azar.

A mão pesa sobre minhas costas: a pesada pata de papai coberta de anéis. O que é que ele está dizendo? Rola de rir, toda sua massa sacudida pelo riso.

— Era uma piada, uma brincadeirinha...

Lágrimas sulcam sua figura balofa, violeta. Meu nojo se matiza de medo: contanto que não estoure antes de se explicar.

— As trezentas foram para a Kueppers! A propriedade só pediu cinco pessoas.

Nós, as "cinco seguintes" da coluna decapitada... Não é a

(*) O que é isso?

ele mas à providência que devemos agradecer. (A providência, que figura estranha!) Temos de sair discretamente. A charrete nos espera lá fora. Matar a fome de cinco pessoas ou de trezentas não é de jeito nenhum a mesma coisa! Só nos cabe aproveitar a ocasião; poderia se tratar de um trabalho regular, contanto que façamos um esforço. Mais uma advertência: não mostrar muita avidez à mesa, nem nos jogar em cima da comida como selvagens. Aquelas boas pessoas poderiam ter ideias estranhas sobre o campo, imaginar por exemplo que ali vivemos famintas. Protestamos em coro: "Ah, não, que ideia!".

É a primeira vez que cruzamos o portão sem guarda; andamos os cerca de cinquenta metros até a charrete, nos instalamos sobre as tábuas atrás de umas costas quadradas, uma nuca loura. O dono delas não se vira, não diz uma palavra, espera nós todas nos sentarmos. Partimos.

Volta e meia me vejo em sonho, sozinha, numa rua desconhecida. Procuro minha fileira de cinco; espero ser chamada. Não ouso desfrutar de minha solidão. Sentada na charrete, minha "alegria" é atrapalhada por apreensões. Para me tranquilizar, esforço-me em nada perder com o olhar, cumprimentar cada poste elétrico, cada cerca como se voltasse do exílio ou de uma longa doença.

A viagem foi talvez longa mas não para mim; era um tempo do qual eu saboreava cada segundo.

Nosso veículo para ao lado de um campo ceifado; nem rastro de habitação. Seria uma nova "brincadeira"? As costas quadradas pulam para o chão, sobre uma perna. A outra lhe falta. Faz-nos sinal para o seguirmos. Percorremos um bom quilômetro a pé. Finalmente ouvimos um latido; não, não é a "fábrica" Kueppers! Muros e galinhas e, em algum lugar, provavelmente, uma cozinha.

Um imenso chapéu de palha se aproxima tão depressa que não conseguimos distinguir as feições daquela que o usa. Loura? Morena? Moça? Velha? Simplesmente apressada. Sem uma palavra, ela nos dirige para um campo salpicado de arvo-

197

redos verdes, agacha-se e começa a apanhar batatas e a jogá-las dentro de um balde. *"Verstehen?"*,* pergunta, pondo-se de pé depois de nos examinar como se se tratasse de uma demonstração de matemática ou de uma sessão de pilotagem. Faço questão de dizer que a tarefa não parece ultrapassar nossas forças, mas com um gesto apressado ela some antes que eu possa terminar a frase. Um ancinho mecânico nos precede, escavando e jogando na superfície batatas brancas, brilhantes. Só temos que apanhá-las. Nós cinco começamos o trabalho, cada uma numa fileira. Ao nosso lado, outros ancinhos, outras apanhadoras.

Um jogo de criança, quase uma diversão. Estou na frente. Subitamente, sinto uma pontada nos rins. E a partir desse instante tudo muda. Além da dor nos rins, minhas costas tornam-se um peso insuportável; acrescentem-se o constrangimento de ficar para trás, o temor e a luta que travo contra a tentação de me erguer uma só vez, só por um instantinho — e me levanto!

Montes de cabeças se viram para mim, sendo que quatro, as das nossas, com um ar furioso. Agacho-me de novo.

Chegando sem muito atraso ao final de minha fileira, paro. A eternidade infernal que acabo de atravessar acaba abruptamente. No meu estupor, não mais reconheço o local e as pessoas.

Estamos todas sentadas ao redor de uma grande mesa, numa grande cozinha. Não sei qual é o prato que fumega no meio dessa mesa, dentro de uma panela do tamanho de uma bacia: repolho, cogumelos, cebolas salteadas, tudo isso misturado com um odor inebriante de defumado... Salsicha defumada com arroz? A dona de casa nos serve em primeiro lugar. Usa a concha. Ao retirar meu prato com a pirâmide cheirosa que se ergue dentro dele, meus ouvidos zumbem, sinto o sangue abandonar meu rosto! Minhas mãos tremem a ponto de a

(*) Entendem?

"pirâmide" estremecer e correr o risco de ser derrubada sobre a toalha. Afinal, evito o pior. Mas não! O pior é o olhar daquela mulher. Um olhar tão pesado de piedade que o carrego como uma ferida dolorosa que imagino nunca mais conseguir esquecer! O olhar com que são brindados os incuráveis, as criaturas estafadas a ponto de morrer, pelas quais não se pode fazer mais nada.

Os vapores deliciosos me sobem à cabeça. Se eu pudesse ficar sozinha, ainda que fosse por um momento, com a montanha fumegante! Jogar-me em cima dela, engoli-la sem testemunha! As primeiras colheradas quase não têm gosto, de tão quentes. Não consigo me libertar da sensação de ser observada. Depois, não me lembro de mais nada. Devo ter esvaziado o prato num estado de inconsciência. A boa senhora logo o encheu de novo. Essa segunda porção, engulo sem pressa, como uma gourmet. É a primeira vez, há meses, que não tenho pena de me separar de um prato. Senão, depois, mais nada funciona! Fico deprimida como nunca. Como se a fome no fim servisse para alguma coisa, e monopolizando todos os meus pensamentos, toda a minha energia, impedisse meu espírito de naufragar.

Pensar que a refeição "civil" rumo à qual eu voava em êxtase agora me dá enjoo, como a dimensão de minha decadência! Quem sabe talvez seja mais sensato nunca encher a barriga nesses lugares malditos!

Minha mãe! Se ao menos Sophie estivesse comigo! Se a única pessoa que se responsabilizou por mim não tivesse dormido no vagão! Subitamente volta-me a lembrança sofrida de minha mão trêmula segurando o prato, toda a minha falta de jeito... aquele olhar cáustico! Começo a choramingar.

— Fique quieta, você está louca? — alguém me sopra.
Tarde demais.
— O que é que há? — murmura a "nuca".
— Ela está pensando na mãe.
Ele não diz nada. Puxa as rédeas.

199

*

Há três dias luto contra este relato. Nunca tive tanta dificuldade em escrever. Não é por causa da febre mas da impossibilidade de encontrar uma só posição que seja suportável. Não há um movimento, um suspiro que não me fique entalado entre minhas costelas: meu peito — meu pior inimigo. Receio que desta vez não seja a gripe mas minha velha conhecida, a pleurisia (arrastei-a durante um ano inteiro). O cúmulo: nada disso afeta meu apetite! As "pirâmides" Schröde, o cheiro dos repolhos, dos cogumelos e assim por diante continuam a me obcecar em meu leito de sofrimento.

Sarika, a doidinha, vem me visitar com um prato de água suja. É o que se chama um duro regime! Fica choramingando, para completar!

— Não se exalte, nem pensar que eu vou dar o fora! Não antes de comer uma omelete de bacon.

Retira-se, melindrada, mas logo reaparece com uma personagem duvidosa que, num momento de fraqueza, se fez passar por médica. Põe-se à minha cabeceira: a própria figura da indecisão. (Há momentos assim em que, sob o efeito mágico de uma ração extra de pão, ninguém tem a menor dificuldade para reencarnar em médico, campeão de esqui, violinista, depende.) Até agora ela se virou bastante bem com alguns casos de reumatismo; massageia as costas, trata das enxaquecas. Mas a "magia" tem limites. Faz cinco minutos que tenta em vão pegar meu pulso. Furiosa, guio sua mão e coloco seu indicador na artéria em questão, aniquilando assim tudo o que lhe restava de atrevimento.

— Você está com febre — constata, desolada. — De que está sofrendo?

— De pleurisia — digo sem hesitar.

Meu diagnóstico a faz empalidecer (não passa de uma vigarista principiante). Cola seu ouvido em meu peito: "tussa!".

Tusso; mas é mais do que ela é capaz de suportar, então se ergue num estado de agitação:

— Não posso assumir essa responsabilidade. Não estou equipada, me faltam remédios.

— Vou avisar ao velho — diz Sarika.

Por mais que eu proteste, ela volta com papai. Ele se debruça sobre mim com um sorriso-mais-que-paternal. A fumaça de seu cigarro me incomoda? Não. Escuta atentamente a pobre "doutora" e sua eterna ladainha: não pode assumir a responsabilidade... não é clínica geral.

— Basta escrever as receitas — encoraja-a papai, e seus olhos de raposa lançam faíscas.

— Sou dentista! — geme a pobre coitada.

— Ah! — alegra-se o velho — seria bom, uma *Bohrmaschine** no campo!

Eis a "dentista" suando em bicas. (Só um charlatão inveterado consegue atormentar uma pobre noviça com tanta volúpia.)

Ele despacha as duas mulheres. Quando ficamos a sós, diz-me que no campo vizinho, a apenas alguns quilômetros, há um grande dispensário bem equipado onde me poriam de pé rapidamente. Mas ora essa, por que tremer assim? O interesse é todo meu, santo Deus!

Conheço bem esses dispensários "muito bons"! Já me ofereceram um lugar em um deles. Junto todas as minhas forças para implorar-lhe que me deixe ficar. Não quero por nada neste mundo sair deste campo.

Ele me observa, perplexo.

— Daqui a duas semanas você estará de volta.

Parece sincero, mas é um velho patife, um vira-casaca! Meu encontro com a "ambulância" diante do dispensário. Não, eu *sei* o que quer dizer um hospital "bom"! Caio no choro.

Não insiste, prepara-se para ir embora. Através de minhas

(*) Broca.

lágrimas ainda o conjuro com o olhar. Ele fica em pé e começa a me interrogar sobre meu diário.

— Sabe que é proibido tomar notas no campo, que eu arrisco minha posição, e mais ainda, ao fechar os olhos?

Dou um pulo — esquecendo minhas costelas — e solto um gemido. Não devo me aborrecer, ele não é apenas alemão mas homem antes de tudo (*sic!*); percebe a importância que tudo isso pode ter depois da guerra. Sofremos muito, é por isso que ele, de seu lado... Mas não devemos esquecer as circunstâncias, o país inteiro faminto...

No entanto, não nos faltava conforto, nem roupas; quanto ao tratamento, nada comparável ao dos campos de concentração. "Conto com seu senso de equidade..." Conta firmemente com isso. O "negócio" é oferecido sem rodeios.

Apresso-me em tranquilizá-lo; guardaremos dali a melhor lembrança! É por isso que não gostaria de sair deste campo.

Ele sorri. Por cima daquele sorriso seu olhar cruza com o meu. Nele leio o desespero e uma advertência: "Nós já estamos fritos, mas você também ainda não se safou!".

Dessa vez é brindado com meu largo sorriso. Seu olhar é mais explícito que todas as notícias que nos chegam. Por um instante vislumbro minha liberdade, bem próxima, como uma certeza.

*

Estou num grande hospital branco. Do alto de minha cama vejo um feio prédio descascado, lembrando um quartel. Seria um barracão de prisioneiros? As roupas listradas! A lama, o vento, a fila interminável diante das panelas, os rostos pálidos, o inevitável "*Los, Saubande!*".* Tudo isso me lembra Auschwitz. Mas não passa de uma "filial"; papai não me mentiu, estamos pertinho de Wiesau.

(*) Mexam-se, bando de porcos.

Ultimamente as coisas não deviam estar muito boas para o meu lado, pois mal tive energia para reclamar quando me carregaram para o caminhão. "*Idioten*", eu dizia com fraqueza, a cada solavanco. Já na hora da despedida por pouco não caí numa crise de raiva ao ver os olhos vermelhos de Edith Berkovits e de Sarika, a doidinha, que balia no seu lenço como uma velha cabra; com que direito essas idiotas choram por mim?

A chegada foi ainda mais escabrosa. Imediatamente reconheci as figuras de Auschwitz. Foi por isso que não permiti ao motorista me carregar no colo. Atravessei com meus próprios pés o corredor, subi os degraus e cumprimentei polidamente as curiosas que me olhavam de soslaio, boquiabertas, sem me retribuir o cumprimento. Por falta de civilidade ou intimidadas com meu aspecto? (Não estão muito habituadas a ver alguém chegar sozinho, de carro.)

Uma grande surpresa me espera no segundo andar: a médica de Auschwitz, aquela mesma que tinha me retirado da "ambulância". (A maior parte do campo B tinha sido evacuada para cá.) Cumprimento-a com entusiasmo, mas sua acolhida me ofende. Não me estende a mão. Não me pergunta o que tenho. Logo me arrasta para seu consultório, me despe com a ajuda de uma enfermeira. Não tive tempo de extrair minha papelada do forro de meu mantô. Não vejo mais o mantô! Vestida com um pijama e um penhoar "da casa", peço meus pertences, apavorada. A enfermeira alega tê-los guardado. (Não tem cara de ladra, mas refletindo bem, quem não é?) Tento engolir minha amargura, explicar a razão imperiosa que me faz exigir o mantô. Mas a doutora tem suas razões, acha que me agito demais, que meus brônquios exigem imperiosamente repouso etc. Recomeçarei amanhã. Hoje não tenho mais força. Para a cama! Essa necessidade que anula todo o resto. Ela põe travesseiros sob minhas costas. A saliência de meus ossos me valeu escaras.

Durmo quase imediatamente, mas acordo um instante depois, inquieta.

— Onde estão minhas coisas? — pergunto à enfermeira. (Não é a de ontem, feliz criatura que é possível qualificar, apesar das circunstâncias, de "rechonchuda".)
— No armário da doutora.
— Não poderia me passar meu mantô verde um instantinho?

Ela me passa, escondido. Escrevo tudo isso às escondidas, em papel higiênico, o que resulta em estranhas garatujas. Espero ter papel normal e a força de recopiar. Senão a "humanidade" (meu único herdeiro) se encarregará disso no meu lugar.

Querem me alimentar com colher, como a um bebê. Engraçado!

*

É possível estar morrendo sem ter pressentimentos e tudo o mais? No leito inferior, uma *delas* jaz, muito calada; obedece a tudo, agradece por tudo, com uma polidez que eu nunca associaria à morte. Mas desperta pouco interesse. Eu, ao contrário, me agito, me faço lembrar o tempo todo para que me vejam, no caso de me esquecerem ou de começarem a "sentir minha falta".

Exijo remédios de todo tipo e crio caso quando tenho de tomá-los. Acredito, porém, que meu apetite os desorienta. Além de minha ração, ainda engulo duas porções de sopa: uma é o "suplemento" da doutora, imagino, e a outra é o que resta no fundo da panela.

Há momentos negros... Bá! Quando olho minha mão, por exemplo. Não sei como aconteceu, mas aconteceu. Mal e mal ela difere da mão *daquela* de baixo. Mas aquela ali talvez tenha se rendido. Ou será que também se recusa? Cada morto abrigaria um tigre, cinco minutos antes? Não! Às vezes sinto que a tentação se esgueira para cima de mim: fechar os olhos, deixar fugir essa vontade lancinante, e todas as responsabilidades; esperar que tudo se decida *em outro lugar*.

Meu "tigre" é de outra matéria totalmente diferente? Por mais que eu o acalme, como me impedir de pensar? Enquanto eu tiver a força de pensar, tudo só depende de *mim*! Como se bastasse afastar essa "ideia"... E toda vez que consigo levantar a colher diante dos olhares delas volto a acreditar: sou eu quem *decide*.

A garota de baixo pediu água. Desci para servi-la, e diante disso a metade da enfermaria acorreu e chamou com urgência a doutora.

— Quem lhe permitiu descer da cama? — ela pergunta com uma calma que está longe de me enganar.

— Por quê? Por acaso eu estaria na pior?

Só vendo as caras delas! Todo mundo foi saindo de fininho. Em meu estado, podemos nos permitir certas infantilidades.

*

Reli minhas últimas notas: presunção.

Surpresas de percurso: o pânico, por exemplo.

Hoje de manhã, um silêncio inabitual na enfermaria. Seríamos menos numerosas do que ontem? E as outras? A doutora? Vozes desconhecidas, apitos na escada. Percebi na mesma hora — não é uma suspeita nem uma simples suposição, mas certeza: a comissão de Auschwitz! Estão fazendo a seleção!

Quero berrar... Mudo de opinião por causa das outras. Desço de minha cama e me jogo na porta, inutilmente. Para minha grande surpresa, está aberta. Fecho-a atrás de mim, com precaução. Depois me meto no consultório da doutora e tiro minhas coisas do armário. Quando ela chega, me encontra vestida da cabeça aos pés.

— Você perdeu o juízo ou o quê? — pergunta com doçura, pois não está certa de não estar cometendo um engano.

— Quero ir para o trabalho — digo firmemente.

— Escute, cinquenta doentes não me dão tanta preocupação quanto você sozinha!

— Não é uma razão — digo — para deixar que eu seja despachada para Auschwitz!

— Dispa-se — ela ordena.

E se não me tasca uma bofetada é porque está cansada demais. Mas deve ter pena de mim, assim como eu ali estava, com o jeito resoluto, o turbante de banda, parecendo um espantalho.

— A última seleção ocorreu há apenas dez dias. Não é toda semana que eles dispõem de vagões. — E acrescenta: — Não se atormente, o gás não pega em espécimes do seu tipo.

— Então, por que a senhora não me dá cálcio? A pleurisia é tratada com cálcio.

— Você agora vai me prescrever o tratamento?

Está perdendo a paciência. Sinto que é a última ocasião para despejar todo o saco.

— A senhora tem medo de desperdiçar suas injeções! Se tivesse a menor esperança...

— Estou preocupada com seu coração, idiota! — diz com desprezo.

— Eu respondo pelo meu coração!

Ela me olha em silêncio por um instante, depois suspira e vai até o armário. Jogo o mantô e espero, com o braço estendido.

— Sente-se e feche a mão!

Aperta o garrote no meu braço. É preciso reconhecer: tenho veias fantásticas. E dessa vez posso afirmar em conhecimento de causa: podemos nos impedir de desmaiar graças à força de vontade. Por que, então, não poderíamos nos impedir de morrer?

No final, não sei qual das duas está mais exausta. Deitada no sofá, não me mexo.

— Sabe — ela me diz, pensativa —, se um dia você se salvar, não será por conta do cálcio.

— Mas por conta de que, então?

— Por conta do diabo que tem no corpo.

Estou muito comportada. Não dei uma palavra durante o dia inteiro. Meu diabo descansa.

*

A garota de baixo foi evacuada. Tudo aconteceu com a maior discrição. Bocós! Pensavam mesmo que eu estava dormindo? Parece que começam a ter ideia de minha existência. A pequena enfermeira rechonchuda me chamou à ordem, de manhã:

— Nada de caprichos!

Quando falo com elas, perdem essa expressão "afável". Mil grosserias de Auschwitz não tinham me exasperado tanto quanto as amabilidades daqui. Quase não respondo. Como conversar com alguém que já mais ou menos nos enterrou?

"Elas vão ver só!", penso às vezes. Outras vezes a certeza me abandona. Então me torno enfadonha e odeio a todas.

Hoje minha vizinha — uma pessoa branca, molenga e inchada, que volta e meia pede meu lápis para compor baladas (se pelo menos não tivesse o nome de "Manette"!) — essa Manette, portanto, quis ser agradável comigo:

— Você está ganhando uns quilinhos, palavra! — diz.

Faço uma careta.

— Isso me espantaria. Mesmo no "civil" eu era que nem uma vara seca.

— Antigamente havia os cabelos — ela resmunga. — Os cabelos contam muito!

— Eu costumava raspar a cabeça.

Cala-se. Não pede mais meu lápis. Castiga-me. No entanto eu poderia dispensá-lo. Só o uso muito raramente. A febre me cansa. Mais do que nunca estou decidida a me incrustar na vida. Por mais boba, por mais feia que ela seja, não me vejo sem ela, nem ela sem mim. Mesmo se houvesse uma "outra vida" melhor, eu me agarraria a esta, imunda.

*

Três dias sem febre. Sei que isso não quer dizer muito. E no entanto. Estou me iludindo? Meus dedos começam a parecer dedos humanos.

*

Cálcio. Silêncio. Vazio.
Os russos estão avançando. Os Fritz recuam! (Há quantos séculos?)

*

35,8°C.
Desço para a era glacial.

*

Revierkontroll.* O comandante do campo e mais oito pessoas.
Puseram-nos em fila ao longo da parede. A mim, examinaram em todos os cantinhos. E justo quando, finalmente, a febre baixou.
Ventos de Auschwitz. Bloquear meu cérebro. Matar o pensamento.

*

A doutora parou hoje na frente de minha cama. Apavorada, perco a voz. Devo encará-la de um modo terrível, pois me sorri e senta na minha cama.
— Mandaram para os ares dois crematórios em Auschwitz!

(*) Controle do hospital.

— Seu tom calmo destoa singularmente de seus olhos febris.
— Ainda não dá para comemorar, há crematórios em Dachau, em Buchenwald... Deus sabe o que eles nos preparam.

Que preparem o que quiserem, nada pode ser uma ducha de água fria no nosso frenesi. Por conta da excitação, as curvas de temperatura sobem.

*

38,4°C. A doutora olha minha curva, com o cenho franzido. Teme uma exsudação. Não ouso lhe confessar minhas travessuras. (Não fechei o olho durante a noite.)

A culpa é das "musas". Minha vizinha, a autora das baladas, fez uma leitura de sua última obra. Tudo o que ainda pode se mexer reúne-se nas camas superiores. Fico calma, enquanto os abutres arrancam o coração do poeta e as hienas encharcam-se em seu sangue; outros vampiros, outros suplícios sem fim, tudo isso banhado nas lágrimas da leitora, nos soluços da plateia (gritos, gemidos aqui e ali). Talvez eu tivesse aguentado a barra se não houvesse a surpresa no fim: as cinzas do poeta proferem maldições é mais do que posso aguentar, e exclamo: "Mas é burlesco!".

Isso não teria importância! O auditório não conhecia a expressão. A própria poetisa me examina com um ar incerto de confiança. Teria tomado como um elogio se uma boa risada, vinda de uma cama de baixo, não tivesse dissipado qualquer ilusão.

As caras inundadas de lágrimas assumem uma expressão agressiva. A autora, impressionada, me diz sem amenidade:

— Se você faz melhores, vá em frente, vamos escutá-la.
— Não escrevo baladas, mas há outros que escrevem.
— Quem? — pergunta o coro malicioso, radiante de me encurralar.
— Um francês, por exemplo, Villon.
— Eu sei — diz a autora —, é alguém do campo B.

Com um gesto, ela varre essa miserável concorrência.
— É possível que ele tenha passado pelos campos, mas não pelo B. Faz séculos que morreu na prisão de forçados, ou enforcado, bem, alguma coisa assim.
— É um judeu?
— Um bandido, um malfeitor.
— Puxa! Escrevia seus poemas entre um roubo e outro?
Riem.
— E por que não? Não conseguiram acabar com as baladas dele, que honram o nome de seu autor — o bandido — em toda a Terra, em todas as línguas, até em esquimó.
Se eu conhecia uma de cor na nossa língua?
— Conheço uma!
Ataco *La ballade des dames du temps jadis*. Contento-me em murmurar e as observo. Os cochichos se espaçam. A balada parece agradá-las, assim como a anterior, com as hienas encharcadas de sangue e as cinzas proferindo blasfêmias.
Em geral evito "recitar" e até mesmo ler minhas notas em voz alta, não por falta de vontade, mas porque tenho vontade demais. E isso é fatal. Basta que eu deseje loucamente uma coisa — impressionar, por exemplo — para me fazer trucidar, me anular pelo medo de falar em público! Por isso é que não entendo como aconteceu; talvez tenha sido porque o medo não teve tempo de me encurralar, e porque, inflamada com a atenção delas, cortei o fôlego dele. Em suma, devo ter soltado as amarras, me lançado com todas as velas enfunadas, com sentimentos, gestos e toda a tremedeira. E todos aqueles olhos fixos em mim, espelhos de meu êxtase. O transe, pois é!
Alguém jogou uma pedra. O "espelho" aos pedaços...
— Quem é essa múmia?
Isso não estava destinado a meus ouvidos. Mas uma trombeta é capaz de cochichar? Olhares desiludidos, alguns furiosos, virados para a porta. Alguém interpela a recém-chegada:
— Quem você pensa que é, Myrna Loy?
Não vale mais a pena! (A "múmia" está fora de alcance.)

Estivesse Myrna Loy em carne e osso de pé diante da porta do lazareto, e teria sido mais fácil acreditar em meus olhos. Dentro de um trapo cor de laranja apertando sua silhueta diminuída mas ainda em extraordinária forma, reconheço a única pessoa que não esperava ver neste canto desolado. Sim, é ela, o "fenômeno", sempre em forma de S — ondula entre as camas, balançando sua cesta, um pouco como uma veranista em busca de um lugar livre numa praia.

Acaba parando diante de uma cama vazia debaixo da minha, joga suas tralhas ali em cima, se endireita e pergunta com sua voz grossa e bonachona:

— É o lugar da morta, não é?

Ficamos estupefatas.

— É — responde o coro —, mas como sabe?

— Sou clarividente, ora essa — acrescenta rindo —, está na ordem das coisas, não? Onde a gente põe a bunda ou os pés, somos precedidos por um morto. — E depois, sem transição: — Esse pobre Villon, você realmente o maltratou, minha velha!

Depois da "múmia", essa segunda pedra só faz me alegrar. Aliás, sou uma "múmia" tremendamente alegre desde que a avistei na porta, enfarpelada como para a Riviera. Pergunto o que vem fazer neste lugar de sofrimento.

Displicente, diz:

— É apenas uma febre tifoide.

Palavras que fazem minhas vizinhas empalidecerem. Dá-se a debandada, em plena desordem.

— Não se exalte — ela me diz. — Ninguém me examinou. É meu diagnóstico. Mas em que diabo de lugar a encontrei?

— Em Plaszow!

Balança a cabeça, olha para mim, franze os olhos, reflete.

— Você não morou em Oradea, na rua Stanislo?

— Claro!

— Passei o verão na casa dos seus vizinhos de frente, os Vas.

— Não me lembro.

— Você sempre passeava de bicicleta.
— É verdade.
— Deus, você era uma garota lindinha! Está morrendo, é? Isso aí impressiona, confesso! Uma "garota lindinha". Como se eu nada mais fosse além de "passado", a relíquia, os destroços de uma garota. Paz à sua alma!
— Aliás — especula —, comigo a situação também não está boa. Lembra do traseiro que eu tinha?
Suspira com tanta nostalgia que não consigo prender o acesso de riso.
— E sua mãe?
— Você vai se espantar: ela continua a me envenenar!
Depois, com um gesto me faz sinal para eu me afastar um pouco. Abro espaço para ela, ao meu lado.
— Espere, vou tentar essa balada — diz, ao se acomodar —, há muito tempo que ela me atazana.
Recita-a de modo diferente, penso calmamente. Mas instantes depois a minha calma não passa de uma máscara.
Tenho a visão sofrida de um esqueleto gesticulando, de minha vozinha superaquecida, patética. Eu exagerava, eu "representava", ao passo que ela não se dá ao menor trabalho, deixa o texto viver e mais nada, sem entonação especial, sem "êxtase", sem um gesto. A balada se eleva simplesmente de seus lábios como se ela cantarolasse uma melodia que ama, mas sem pensar muito nela. A certa altura, não sei quando, devo ter parado de pensar também, pois não tenho mais lembrança de mim, nem dela — como se estivéssemos em suspenso ou, talvez, fundidas no mesmo ritmo, levadas pela mesma onda. "Encantamento!" É a palavra que me vem depois. O que é certo é que esqueci meu resto de sopa extra (aquele que passo os dias a esperar). Sou surpreendida pela enfermeira que me estende a gamela. Tenho um estalo ao ouvir uma voz rouca, excitada, ao meu lado:
— Você continua tendo ração dupla? Estou com uma fome danada!

Passo-lhe a gamela, meio encabulada por não ter pensado logo nisso. Ela a apanha, leva-a aos lábios como se fosse uma garrafa e a engole de uma só vez antes que a enfermeira (abismada) tenha tempo de dizer "pausa!". A consternação só aparece depois.

Todas essas caras banais e obtusas! Vai ver que não notaram que foi o sal da Terra que se dignou a descer até este canto desértico! Que na sua passagem toda a monotonia se dissipa e os desertos se povoam!

Meu Deus, penso horrorizada, elas disputam com a outra uma pobre gamela de sopa! Em vez de se inclinarem bem baixo e agradecer-lhe humildemente por ser gentil o bastante para *existir*.

Não nos separamos até de manhã. Não me lembro do que nos dissemos, só que aquilo acontecia num tempo outro, vertiginoso. Que em certos momentos a vida se tornava muito forte, além de toda e qualquer expressão.

Febre! Não é um sinal de vida, a prova de que me aferro, que persevero? Graças a Deus, pois depois de tudo o que foi dito e feito, não seria uma cretinice, uma loucura, largar uma *vida* em que existem noites semelhantes, criaturas semelhantes?

EPÍLOGO

É aqui que termina o que conseguir decifrar de minhas notas que cobrem o período junho-setembro (talvez outubro) de 1944. Restam os sete, oito meses (através de cinco outros campos) em que eu não estava mais apta a escrever, tentando apenas preservar minhas cadernetas, minhas notas e meu fôlego. Não me lembro de mais quanto tempo a doutora me manteve no hospital, de quando o primeiro piolho apareceu (o tifo). Lembro-me apenas de que alguma moça sentada no colchão exclamou, visando meu peito: "Um piolho!". "É isso?", perguntei, perplexa, olhando a coisa branca do tamanho de uma lasca de unha. "Tenho isso há muito tempo." (Meu corpo corroído de abscessos e infecções variadas, estava cansada de monitorá-los.)

Para a continuação de minha aventura, sirvo-me das notas posteriores ao campo, parte de uma obra autobiográfica ainda inédita da qual citarei alguns trechos:

Torno-me, doce Senhor!, o que eu estava menos apta a ser: uma vítima. Com minha natureza supersensível, minha preguiça de ferro! Foram tempos, vocês podem acreditar, em que fui muito raspada. Também defequei enormemente, e o Reich tornava-se mais fértil por todo lugar onde eu passava.

Segundo uma polonesa, a "*führer*" do barracão onde eu descansava com determinação, eu era a vítima mais chata que o Reich já teve dentro de suas cercas de arame farpado.

Mas, afinal, não temos direito a um pouco de cansaço? Quando fomos sardinhas dentro de uma lata blindada durante cinco dias e cinco noites, a tal ponto que na nossa descida ainda estávamos inseparáveis — como aquela deusa de cem braços, Kali, se não me engano? Sem falar das filas intermináveis diante das latrinas! Pessoas que se eternizavam, egoístas. Às vezes, quando era lançada a investida, esbarrávamos nelas e elas balançavam, todas duras, pois não eram mais umas defecadoras, mas simples tubos que se esvaziavam.

Permito-me assinalar, mesmo assim, que é preciso mais de um Reich para abalar uma natureza profundamente estática. Jamais consegui contar o número de movimentos que, dessa forma, roubei do Reich, nas suas barbas, em suas próprias fábricas.

Lá pelo final, minha imobilidade assumiu proporções sem precedentes numa fábrica de guerra; os próprios Fritz ficaram assombrados e me demitiram da indústria deles.

A partir de então, só tive uma ideia: esmagá-los, manter-me em vida a todo custo para tornar-me uma judia a mais que os veria frios, calmos e enforcados!

Não deixar nenhuma fissura, nem a menor falha por onde a vida pudesse me dar o bolo. Com certeza, ninguém teria aguentado esse regime sem vocação especial, uma longa prática do que os imbecis chamam minha "passividade". Sim, meu tremendo temperamento de caramujo! É graças a ele que não paro de enterrar tantos idiotas superativos e vivos, a começar por esses vermes efervescentes: os Fritz na guerra! E onde está a guerra deles? E onde está o Reich deles? Enquanto eu estou aqui, uma ociosa, ainda neste bordo.

Antes mesmo que o Reich me excluísse de sua indústria por causa do meu "rendimento", eu já tinha alcançado uma extrema leveza. Os ossos que carregava na época não estavam cobertos de nada; eram finíssimos! Pois não é com quadris fortes, costelas pesadas e outros balastros que a gente se torna uma pessoa voadora, a primeira que um dia se manteve no ar sem asas, nem motor, nem outros artifícios! Apenas um esqueleto judiciosamente dividido, estado de flutuação (gênero planador ou paraquedas).

Quando é preciso desabalar-se com urgência por um ou vários andares, sem escada nem elevador, por causa da guerra que exige que as coisas às vezes se precipitem, é realmente o único jeito de pousar sem sofrer choques para o resto da vida ou estourar. Aterrissar suavemente, como os esportistas filmados em câmera lenta, sempre com o traseiro, previsto expressamente para se cair melhor durante a vida. Não se mexer, sobretudo não se afligir! Porque o pânico é, com toda certeza, o que temos de mais pesado na nossa anatomia.

Nessa época, os aliados nos procuravam com muito zelo e com bombas, tendo em vista que as empresas onde "operávamos" fabricavam tanques, canhões e outros artigos que não tinham mais nada a ver com coisa nenhuma. (Eram uns caras terrivelmente apressados, com justa razão: tudo precisa ter um fim e, pronto, vamos lá, explodir tudo isso!)

*

Aterrisso como de costume, em excelente forma, num subsolo ou num terreno baldio. Espero, tranquila, que nossos aliados façam seu dever com a humanidade. Ergo os olhos por mero acaso, e não vejo mais fábrica, nem um muro em pé; tudo aquilo geme, berra, delira ao redor, em todas as línguas. Algumas moças me fazem jurar que ainda têm pernas: não estão em condições de dar conta de si sozinhas, devido à sua coluna seccionada. Como jurei, Deus de misericórdia, pela cabeça de pessoas já mortas!

É opinião geral dessas pessoas em busca de suas pernas que nossos "aliados" não passavam de Fritz disfarçados. Mas o pessimismo dos agonizantes é bem conhecido. De meu lado, não creio que nossos caçadores fossem mais antissemitas do que o normal. Se "pogromavam" em tão vasta escala (os cossacos, ao lado deles, eram fichinha), não foi de propósito.

Decerto não notavam, das alturas onde pairavam, que os abrigos estavam reservados à "raça": pensavam que éramos

Fritz ou tanques! Multidões de companheiras que massacraram assim, por desatenção! Irmãs, cúmplices!

Ser metralhada pelos aliados! Deus, o que pode acontecer de mais estúpido em matéria de morte? Macabro, como um suicídio por erro. Em todo caso, isso deve fazer uns presuntos perturbados, que nunca mais se recuperam do embotamento.

Depois de cada visita aliada, todos os que ainda tinham pelo menos uma perna corriam para as latrinas, alguns lá ficavam e isso representava tanta clientela para o crematório quanto o gás, chamado "ciclone",* ou as mortes "naturais", tais como o tifo ou a inanição.

Cada morte representava tesouros que se tornavam disponíveis. A coisa funcionava como um raio, sem testamento nem tabelião, nesses tempos históricos. Bastava dormir sem roncar e a gente se arriscava a passar pelo que ainda não era, de tal forma algumas confundiam seus sonhos com a realidade. Comigo aconteceu de "passar por" durante uns bons quinze minutos! Com a minha cabeça e meus piolhos, foi o que houve de mais engraçado!

Ocupada demais em prender minha respiração, não registrei tudo, mas a satisfação evidente e "desinteressada" de meu círculo não me escapou. Todas estimavam que era melhor que o gás ou as bombas, e que eu tinha evitado o pior.

Por mais "morta" que estivesse, peguei no sono.

Foi em pleno escândalo que retomei meu "papel"... sob uma chuva de injúrias de um pungente sabor obsceno. Todas tinham direitos prioritários sobre meus bens terrenos.

Meu farrapo de cobertor sendo puxado e esquartejado correu o risco de acabar em frangalhos. Assumi o comando das operações, agarrando-o por baixo e o segurando com firmeza.

Os "vá tomar" e "empurra tua carcaça" congelaram-se

(*) O gás usado para os assassinatos em massa em Auschwitz e outros campos chamava-se Zyklon B, tendo sido inicialmente utilizado para matar os piolhos que causavam o tifo. (N.T.)

prontamente. Mas como tive um ataque de riso, tudo acabou, como de hábito, em gargalhadas.

*

Não posso lhes dizer quando perdi minha fila de cinco e tornei-me a pessoa mais solitária que um dia houve em cima de uma cama. Depois de cada alerta, a constatação de minha inalienabilidade me espantava cada vez mais. Eu não excluía a possibilidade de haver borracha ou outra coisa antinatural na minha anatomia.

Essas coisas variavam regularmente. Mas no fundo minha convicção permanecia: eu era falsificada! Uma ideia tão solidamente arraigada em minha cachola que nada nem ninguém nunca conseguiu arrancá-la de mim, nem mesmo os inúmeros terapeutas que esgotei no caminho. Desde que não para de me dar o bolo, a morte caiu nitidamente em minha estima. É apenas uma hipótese entre um monte de outras.

No entanto, o Reich recuperava com a maior rapidez seus fósseis, seus cretinos, seus aleijados e seus monstros. Lembrando a música concreta, barulhenta, selvagem, as muletas coxeavam por todo lado, num contratempo; a coisa se tornava ensurdecedora, uma cavalgada burlesca-lúgubre assim que as sirenes começavam a gemer, e então era a disparada para dentro do abrigo. Alguns faziam caretas atrozes, sem parar, porque suas personalidades estavam cindidas em dois e eles só possuíam uma cara, importunada pela escolha. O conjunto variava entre o hospício, o circo e a feira. Um conjunto engraçado, santo Deus! De vez em quando a gente pensaria num show.

"O Führer morreu pelo Reich."

Essa notícia anunciada pelos alto-falantes causou acidentes de alegria em nossas fileiras: mortas felizes com um sorriso eterno paralisado no rosto.

Quem nunca contemplou um Fritz desmilinguido não sabe o que quer dizer "sublime"! Eram os presuntos mais aclamados desde que o globo gira; onde quer que apodrecessem, seus restos alegravam a terra e as pessoas mais delicadas cheiravam seus relentos como um perfume refinado.

Uma maravilhosa primavera aqueceu a terra — e nós, alguns milhares de esqueletos ainda respirando, ficamos "em suspenso" no campo de Kratzau (na Tchecoslováquia), por falta de estradas, veículos, energia. Finalmente, no dia 6 de maio de 1945 avistamos uma coluna de tanques se destacando de uma nuvem de poeira; eram nossos libertadores! Dessa vez tinham os olhos puxados, pois eram os tártaros. Sujos, exaustos; nenhum deles parecia ter chegado à idade de se barbear...

Tinham olhado a morte de frente — mas não mortas agitadas que lhes davam beijinhos!... O espetáculo que oferecíamos lhes causou forte impressão. Apesar de sua religião (muçulmana), começaram a se embriagar e não mais abandonaram a bebedeira, nem de dia nem de noite. Nem por isso as coisas não aconteceram! Com suas libidos frustradas mas impetuosas, despencaram-se para cima das vivas, das mortas ou das agonizantes. Sem discriminação. Na melhor tradição dos vencedores.

O frenesi deles só tinha um limite: eu! Demonstravam-me um respeito surpreendente (quase humilhante)... Davam-me presentes: batons, estojos de pó, e até uma peruca vermelho-tomate. (Em sua marcha vitoriosa, tinham recolhido fortunas — sobretudo em relógios de pulso, que embelezavam seus braços valentes até os cotovelos.)

Quando fiz minha aparição, empoada, maquiada, sob minha peruca cor de fogo, um deles (um garoto de minha idade) caiu em prantos. Seus colegas trataram de limpar minha maquiagem, sob uma ducha de vodca — pois no campo não havia mais água corrente nem eletricidade.

Fascinados pelas torneiras, as tomadas e todas essas "maravilhas" da técnica, não conseguiram se impedir de metralhá-las. Por puro entusiasmo. Mas pior que os sinistros e os estragos causados pela libido foram aqueles que nos fizeram por conta de seu coração generoso! Desejosos de nos verem *ganhar uns quilinhos* rapidamente, começaram a cozinhar com um zelo fatal.

Toneladas de *tchorba*, repletas de carne e toucinho, deliciosamente nutritivas. Jogamo-nos em cima, cada uma mais que a outra. A metade das concorrentes foi parar no Paraíso dos famintos, sem escalas, com os lábios brilhando de gordura, cheirando a porco defumado...

Ainda era pelo lado bom que delirávamos, que morríamos. Todas essas hecatombes amicais! Que dizer delas, senão que morrer de *tchorba* é melhor, pensando bem, do que de fome ou de gás Zyklon...

Não sei quando nem como voltei para meu país, aquele leito de hospital onde passei dois anos. Estava muito ocupada em boxear a morte para reparar no "regime" que agora deveria, supostamente, fazer-me feliz... Quando saí, constatei que não eram os Fritz que estavam no comando — portanto só podia estar melhor. Foi justo o tempo de realizar que eu apenas mudara de detenção — as fronteiras estavam fechadas. Eu estava cercada, como em Auschwitz, com a pequena diferença de que não precisava mais esperar os russos (tampouco a liberdade). Tinha escapado dos Fritz com os pulmões em frangalhos, mas o cérebro intacto, como uma criatura soberana. Eles só queriam a minha pele, não levaram a arrogância a ponto de me propor sua Causa, seu "ismo", seu Kampf. Sem falar que eu os encontrara quando tinham esgotado todos os seus recursos (o gozo de sua decrepitude)... Ao passo que as Múmias reinando no Kremlin — às quais nossos aliados do Ocidente fizeram o obséquio de nos "cederem" em Yalta — pareciam imorredouros, uns embalsamados que tinham atingido uma perfeição jamais conhecida na conservação dos legumes.

Mas o que acho mais insustentável, com o recuo, é que durante algum tempo estive com eles, uma imbecil ardorosa, ou, como dizia Lênin, uma "idiota útil". Tinha a pretensão extravagante de carregar as preocupações, assim como o futuro do planeta, sobre meus ombros! Dois anos vivi com uma falsa certeza, na alegria... e vinte outros esperando meu passaporte, preparando minha partida para o santuário de meus sonhos: Paris.

Os momentos mais radiosos de minha vida passei no trem entre Budapeste e Paris — momentos de graça, em que a liberdade deixou de ser um sonho, sem se tornar ainda uma realidade... Foi nesta cidade que compreendi que a realidade da liberdade — como a do ar — só é perceptível em sua ausência; contrariamente à não liberdade, que não podemos ignorar em nenhum momento. Tanto quanto as algemas...

Acontece que, no meu "terreno", eu estava materialmente garantida (autora de comédias de sucesso). Só que jamais teria ousado manter um diário (como entre os Fritz). A censura estava presente por toda parte — inclusive na minha cabeça...

Em Paris, nada me era "proibido"! Escrever mil páginas ou dez mil! Ninguém para me impedir... Ninguém para lê-las!... Eu estava quase morta de "liberdade" (com o dicionário Le Petit Robert — meu único "fã", companheiro, família) quando caí no meu primeiro leitor-editor, e me tornei cidadã de uma "Pátria" que tinha me resistido tão longamente: a língua francesa.

Foi também em Paris que tive a surpresa mais exaltante de minha vida: o Muro caindo em Berlim, e com ele os que o haviam erguido: os legumes eternos. Numa só e mesma existência, tive o privilégio de assistir à queda das duas pragas que considerava igualmente desastrosas: o socialismo "nacional" e o "outro" (soviético), natimorto há quase oitenta anos, e cujo fim ninguém mais esperava.

No entanto, aconteceu! Toda esperança é permitida!... O tempo de um sorriso — logo transformado em careta: caos, delírio, demência. A liberdade metamorfoseada em pesadelo por aqueles mesmos que não paravam de sonhar com ela. Vê-los se manifestar, votar em massa contra esse "perigo"! Florir os túmulos de seus ex-assassinos (Stálin, Ceaucescu)! Prontos a se dobrar diante de qualquer Ordem, de qualquer cor — pelo prato de lentilhas (três refeições garantidas por dia...).

Que atire a primeira pedra quem nunca teve fome, nunca conheceu o medo!... Meu negócio são as palavras. Encontrar as mais precisas, as mais percucientes — para captar a incoerência do mundo onde vivo. Dar um testemunho honesto para este mundo, já que não tenho nenhum poder para mudá-lo!...

Pois é, eu estava prestes a me resignar, quase na beira da sabedoria, quando meu olhar "caiu mal", por assim dizer (na sala de espera de um dentista), numa página aberta (ou arrancada) de uma revista velha. Tratava-se de caminhões. Cem judeus húngaros que os nazistas teriam estado (supostamente) prestes a trocar por um caminhão (4 mil caminhões contra 400 mil vidas). Proposta que nossos aliados teriam rejeitado. "O que é essa sandice?" Todos os que me permiti incomodar a esse respeito me garantiram que não se tratava de "sandices", que essa história tinha dado o que falar, e que até houve um processo sem solução; porque o acusador (ou o acusado?) estava morto. Mas qualquer que seja a verdade — há "sacrifícios inevitáveis", "estratégicos". Que, seja como for, para pôr fim à guerra os caminhões eram mais importantes do que os judeus húngaros. Olharam para mim de um modo estranho, com ar de dizer: "Você já viu outras, e se safou, por que se chatear com histórias de antes do dilúvio?".

Sim, me safei... É possível que cinquenta pessoas de minha turma tenham morrido por um meio caminhão, e os meus — pela trigésima parte desse veículo... Mas *estou aqui, eu*, contra tudo, apesar de tudo, tão maravilhada de existir quanto outrora, quando pairava entre os andares, sob as bombas, estou aqui a me fazer a pergunta cada vez mais nebulosa com os dias (e as notícias) que passam: onde acaba a "estratégia" e onde começa o genocídio?... A partir de que número pode-se falar em Holocausto?...

Não excluo que, apesar de minha consciência pesadamente hipotecada e minha paciência anormal, meu fôlego tenaz acabe por me largar; que isso se passará o mais "normalmente" possível, numa cama. A única coisa da qual duvido: é que minha perplexidade possa se apagar junto comigo.

ESTA OBRA FOI COMPOSTA EM BASKERVILLE PELO ESTÚDIO O.L.M. E IMPRESSA EM OFSETE PELA PROL EDITORA GRÁFICA SOBRE PAPEL PÓLEN SOFT DA SUZANO PAPEL E CELULOSE PARA A EDITORA SCHWARCZ EM MAIO DE 2010